U0125646

带「歪」了

别把孩子

BIEBA
HAIZI
DAIWAI
E

李晓云◎著

中央民族大学出版社
China Minzu University Press

图书在版编目（CIP）数据

别把孩子带"歪"了 / 李晓云著 . —北京：中央民族大学出版社，2023.1

ISBN 978-7-5660-2193-9

Ⅰ . ①别… Ⅱ . ①李… Ⅲ . ①教育研究 Ⅳ . ① G40-03

中国版本图书馆 CIP 数据核字（2022）第 255617 号

别把孩子带"歪"了

著　　者	李晓云
策划编辑	赵秀琴
责任编辑	于秋颖
封面设计	舒刚卫
出版发行	中央民族大学出版社

北京市海淀区中关村南大街 27 号　　邮编：100081

电话：（010）68472815（发行部）　传真：（010）68933757（发行部）

　　　（010）68932218（总编室）　　　　（010）68932447（办公室）

经 销 者	全国各地新华书店
印 刷 厂	北京鑫宇图源印刷科技有限公司
开　　本	787×1092　1/16　印张：16.75
字　　数	185 千字
版　　次	2023 年 1 月第 1 版　2023 年 1 月第 1 次印刷
书　　号	ISBN 978-7-5660-2193-9
定　　价	49.90 元

序

一直关注着孩子们的成长，视帮助那些成长中出现"问题"的孩子以及因此而焦虑困惑的家长为己任，并坚持不懈地付出心血和努力，让一个个受心理问题困扰甚至备受折磨的孩子走向正常和阳光，让一个个因孩子出"问题"而焦头烂额甚至濒临破碎的家庭步入希望和光明，个中艰辛不言而喻。无论多苦多难，此等善举一做就是二十多年，从未停息，且成了一种"习惯"和一种"修养"。这就是《别把孩子带"歪"了》这本书的作者——李晓云老师。

或许就是这样一种特别的教育情怀，让晓云老师在儿童青少年心理健康和家庭教育领域的实践与探索，渐渐地形成了一套切实可行又接地气的实用理念与方法，使得越来越多的孩子和家庭真正受益，实属难能可贵。

在极端的竞争式教育思潮影响下，越来越多的家长在不知不觉中被教育"内卷"绑架，提前和过度教育的迫切心理只为孩子不要"输在起跑线上"，急功近利的教育行为渐渐地成了一种心理常态，盲目竞争和本末倒置的教育实际让我们的家庭教育与教育的本真和宗旨渐行渐远，尤其是与孩子的心智发展和成长规律渐行渐远，甚至是背道而驰。就如鲁迅先生所言："失掉了现在，也就没有了未来。"

种瓜得瓜种豆得豆。在这样的教育环境和氛围下，越来越多的家庭陷入了教育的误区和困境。家长把对孩子升学、成才的极度焦虑一点点地传递到孩子的身上，使得孩子在这样有形与无形的压力下开始产生困惑、厌学、焦虑、紧张和逃避的心理，直至抑郁或患上抑郁症，甚至产生轻生念头或放弃生命。孩子们失去童真、丢失自信、封闭消极、悲观失望和身心失衡等问题已较为普遍，并呈现出愈演愈烈的趋势。究其原因，无疑十分复杂且多元，而家庭教育是关键所在。

晓云老师通过养育女儿的体验与反思，与众多孩子和家庭的接触与交流，以及深度的思考与研究，渐渐地摸索出一套行之有效的干预和指导方法，帮助一个个孩子和家庭走出阴霾而重获新生。晓云老师收获了众多孩子和家庭的尊重和爱戴，也包括"云叔"这个爱称。

晓云老师的这本书，或称之为教育生活随笔，既是对家长们的一种积极示范，也是对孩子们的一份真切关爱。晓云老师通过生活化的讲述，欲与家长们产生亲切而理性的思想碰撞，期盼家庭教育回归科学的轨道，希望家长们都能助力孩子们的健康成长，共同迎接孩子们无限可能和美好的未来！

傅小兰

中国科学院心理研究所所长、研究员

中国科学院大学心理学系主任、教授

2022 年 12 月 10 日于北京

序二

"别把孩子带'歪'了"真是个好书名呀！现如今，孩子的教育真成了一个大学问，也成了一个社会化的大难题。过去我工作忙，自己的孩子没怎么带过。现如今有了第三代，带孩子的学问，就明显的不足了，真想一口气把这本书读完。

据统计，现在社会中的青少年有心理健康问题的不在少数，为教育孩子而犯愁的家长更是多数，如何让孩子健康成长成了千家万户共同面临的社会课题。针对这个话题也有不少的讨论，甚至争论。

我认识晓云老师已经有几十年了，最佩服的是他经过长期的钻研和实践，悄然成为中国青少年心理健康教育的大专家。

说他"悄然成为"，是说他总是在默默地耕耘，从不张扬，也很少做社会宣传。在沉默中努力奉献，积累了大量丰富的实践经验，并形成了自己独到的教育体系。我曾亲耳聆听过他教育孩子的精彩案例。如今，他终于把积累多年的学习和实践经验汇集成册，公之于众，真是难能可贵呀！

我深信，这本书的问世，将会对正在青少年心理健康教育中努力探寻的广大家长和教师们产生深深的影响，引起广泛的共鸣，并会有不少实际的收获。

朋友们，共同努力吧！预祝晓云老师和我们大家在中国青少年心理健康教育之路上，不断探索，取得更大成绩！

姚　望

欧美同学会副会长

亚洲教育论坛荣誉秘书长

2022年岁末

别把孩子带「歪」了

目　录

别把孩子带「歪」了

绪　论

今天的改变，就是明天的希望

　　健康快乐成长，是每一个人的最大愿望和人生追求。生命，或长或短。有的人把人生过得很有意义，可以和别人尽情地分享，且津津乐道，有滋有味；有的人把人生过得糊里糊涂，怨天尤人，无滋无味。成长，是每一个人一生一世中的一件大事；关键在于每一个人做出什么样的选择和是否愿意并付出努力去赋予生命活力与意义。

　　人生，其实就是一个见天地、见他人和见自己的过程，就是一段感知生命、体味生命、认知生命和完善生命的旅程，就是一场自我发现、自我提升、自我丰富和自觉进步的生命体验。每一个人与自我、自然、环境和社会的和谐发展就是人生的内涵、本质和意义。

　　现实中，看似人们都在忙忙碌碌并全力以赴追求幸福的路上，其实却往往离幸福越来越远，一个个美好的梦想在不断地南辕北辙、背道而驰和竹篮打水中消失、破碎。所有的人生变化、状态与结局，从根本上就是由人生过程中那些一个个、一次次看似不起眼、不经意和随意或刻意的选择所决定的。所以，人的一生，或侥幸，或运气，其实都是因果必然关系！

我们的传统文化中，自古以来都特别重视和强调对生命的认知、尊重、把握和敬畏。无论是儒家、道家还是佛家都在探究生命起源的同时，以不同的角度认真地诠释着对自然生命与物体的根本态度，即生命观！从人类历史发展整体来看，生命观正是从根本上全面反映了人类社会的文明进程和人类对自身的认知程度。而这一切又都是由我们的教育和文化来决定的。

无疑，我们过去优良的传统教育理念和优秀传统文化从根本上一步步地推动了社会的积极发展和民族的健康进步，为我们打下了良好的国民素质和社会文明的基础。然而，随着社会的发展和时代的巨变，越来越多，越来越重的世俗、封建和功利思想让越来越多的人因不安、不踏实而焦虑、烦躁，进而迷失了人生正确的方向。人们在社会发展与巨变的文化乱象中越来越偏离人生轨道和教育的目标，特别是一步步地带歪了孩子成长的方向。

面对现实，孩子学习、成长的压力、困惑和家长养育、施教的盲目与焦虑越来越影响着孩子的健康快乐成长和家庭的生活质量，要去除这一切消极和不利因素，我们的教育就必须正本清源，让制度、规律、方法、手段和行动回到正常和正确的轨道上，敬畏生命，遵从孩子心智和心理发展的自然要求与必然法则，一切服务于孩子成长的必须和根本，而不是让孩子在变形、变态和扭曲的心态与环境下度过人生最宝贵、最难得、最精彩和最重要的美好时光！生命和成长只有一次，而且不可逆，所以，我们的教育唯有理智、合理、科学和温暖才是正确的选择！

道不远人，大道至简，有教无类。中国文化三大支柱儒释道的最高境界，即儒家的拿得起、佛家的放得下和道家的想得开，或许能给予我们的教育以理性启发与关键提示。教育的本质是育人，而不是生产工具！孩子们应该接受这样的教育，在生命教育的启发与引领下自由生长，给予他们充分展现天性与童真、发明与创造、成功与失败和无限想象的生命体验机会，让他们在与大自然的亲密接触、与小伙伴的无缝相处和与家庭成员的水乳交融中去体味风雨阳光、人情世故、人间冷暖和亲密无间，去认知自然的无限美好与力量，去感悟生命本质的真正内涵和生命的价值与意义，由此懂得敬畏生命、珍惜生命、热爱生命，从而树立起积极乐观和远大的生命理想，笑对人生，快乐生活；而不是在逼迫、强压、无奈、扭曲、抵制、对抗、忧郁和痛苦中畸形成长。

世界上从来就没有两片相同的树叶。每一个孩子都是上天赐予我们的天使，都是充满无限可能的天才，都是自然委派来传递生命信息与力量的使者，都是一个个晶莹剔透、五彩斑斓和飞扬灵动的鲜活生命，所以我们唯有珍惜、尊重、呵护和发扬光大！每一个孩子都有属于自己的特质与个体差异，有的发育早一些，有的发育晚一些；有的成长快一点，有的成长慢一点；有的表现明显一些，有的表现含蓄一些；有的个性突出，活跃十足；有的个性微妙，内涵丰富。但无论是哪一种情况，就像不同的果树一样，有的早开花，有的晚开花，但最终都会开花，都会结果，也都会绽放生命的活力和光彩！孩子们的成长和受教育是一个润物细无声和潜移默化的微妙又美好的过程。所以，急不得、躁不得、慌不得、乱不得！作为任何一个教育参与者，特别是家长，在认清孩子自然成长和心智发展规律的前提下，找准自己的角色定位，以科学合理和理性心态为指导，以实事求是和人为根本，以真爱和责任为抓手，用海一般的胸怀和天一般的格局去拥抱孩子最美丽的生命！

知行合一，携手前行，不忘初心，共创未来。让我们与孩子们温暖相伴，饱含最美的生命理想，一起成长，共同进步，相亲相爱，拥有健康的人生，与快乐同行，永葆纯净，共同迎接人生幸福和无限阳光灿烂的美好未来！

亲爱的孩子们，有你们真好！

别把孩子带「歪」了

一、生命之悟

　　酸甜苦辣咸，就是人生的体验和滋味，个中差异反映了人们对待人生和生命的选择与态度。面对人生现实和教育现状，特别是一天天成长中的孩子们，建立正确的生活观、生命观和价值观应该是我们文化和教育的首选和根本，更是一份份沉甸甸的家庭责任和社会责任。

让所有美丽的生命都尽情绽放

　　德国哲学家费尔巴哈这样说过：人活着的第一要务就是要使自己幸福！

　　所以，生命的意义成为一个解构人类存在的目的与意义的哲学问题。

　　每一个生物从生命诞生的那一刻起，就开始接受来自大自然的空气、雨露和阳光的呵护与滋润，在活泼、欢快、勇敢和坚定中享受着生命本身所赋予的一切权利和机会，尽情地生长着、成长着、壮大着、展示着、耀眼着、美丽着……更何况是有血有肉、有情有思的人，又何尝不是如此！

　　生命，一方面是世间馈赠于人最大、最好、最美和最珍贵的礼物，鲜活是它的根本属性；一方面它又随着自然规律有始有终，有限又是它的本质。所以，每个人对待生命的认知和态度就决定了生命的走向、方式、价值和意义，以及生命的长度、宽度和高度。

不久前在一篇文章中看到的一段话又一次启发了我对生命意义的另一个角度的思考："在生与死之间有一段距离，就叫作人生，而如何走过这段距离，被叫作生活，所以，在渐渐成长的时间里，我想得最多的就是自己为何生下来，然后，又怎么样活下去。我一直以为，生命跟生活有着莫大的关联，生活的单一，让我有种莫名的迷惘。每天，我就像一个机器人一样，重复做相同的事情。起床，吃饭，上课，作业，睡觉。一旦想到以后的日子都是跟第一天一样，就寒意心生，甚至，还怀疑自己是否还活着，我常常扪心自问，既然你的生命没有意义，你为什么还要活着？"也就是说，当生命进入无趣、迷茫和无聊，并彻底迷失了方向时，生命本身也就失去了价值和意义！

《论语》中孔子关于生命的认知，解析其传达出的生命观思想基本就是把生命划分为三个维度：自然生命、社会生命与精神生命。因此，是否可以这样理解：生命在自然中应该受到顺从、呵护和尊重，让它自由生长，尽情绽放；生命在社会中应该获得理解和支持，让它充满力量；生命在精神中应该得到提炼和升华，让它充分地释放和传播。

不妨让我们这样想象一下生命，每天的清晨，它在阳光雨露的滋润中偷偷地微笑着、得意着、欢快着……每天的午后，它在蓝天白云的映衬下毫无保留地绽放着它独有的色彩、身姿和活力，在鸟语花香中以最自信和灿烂的姿态和空气阳光进行着最亲密和温暖的对话，带着调皮与情趣、珍惜与感恩……傍晚时分，它披上丝丝晚霞，着上最华彩的晚礼服在沁人心脾的华尔兹乐曲中翩翩起舞，明月是指挥，星星是乐手，天空是舞台，无垠的宇宙中充满了无限的欢乐和浪漫……生命，就本该如此！就如梁启超先生所说："凡人必常常生活于趣味之中，生活才有价值。"

然而，遗憾的是我们在进行知识和素质教育的同时却忽略了生命教育的必要、关键和意义！因此，使得芸芸众生在忙忙碌碌、努力拼搏和尽心尽力后往往是疲惫不堪、事与愿违，甚至是竹篮打水一场空，直至失去健康、快乐和自我！面对现实，每个人都在以不同的方式承受着各自不同的遗憾、不满、不甘、不服和痛苦。而这一切境遇或遭遇基本上又都是来自自身对人生意义的偏激误判和对生命敬畏与认知的缺失。如果人生不快乐，又何谈生命的价值和意义！因此，生命是需要理想的，因为它会引领我们的生命发展的方向。就如德国哲学家谢林所说："若是忧虑就应抱希望，人生最大的幸福经常是希望、希望。"

酸甜苦辣咸，就是人生的体验和滋味，个中差异反映了人们对待人生和生命的选择与态度。面对人生现实和教育现状，特别是一天天成长中的孩子，建立正确的生活观、生命观和价值观应该是我们文化和教育的首选和根本，更是对己对社会的责任和道德。就像德国哲学家康德所言："世界上有两件东西能震撼人们的心灵，一件是我们头顶上灿烂的星空，另一件是我们心中崇高的道德标准。"现实中太多的盲从、攀比和无序、无聊的竞争让人们渐渐地失去了这美好和重要的一切。荷兰心理学家罗伊·马丁纳对于最高层次的快乐的一段阐述或许能给人生迷茫的我们以启发和警醒："毫无条件地生活，就是接受自己是个可能犯错的血肉凡躯，并欢迎改变、死亡和受苦。处在至乐中，无论不舒服或愉悦，我们都欣然接受；我们不执着于结果，而能享受和体验充实的人生，我们对于沿途的幸福安适与种种经验充满了感恩之心，而能心平气和地对待他人和自己。"

生命有限，人生苦短！每个来到这个世上的生命都应该得到珍惜和尊重。无论选择什么样的生活方式和人生态度，都应该在敬畏和珍视生命的前提下，以有限的时间展现出无限的价值就是美好，就是幸福；使每一个美好的心灵始终都是透亮、清澈、温暖和安宁的，犹如我们身边艳丽的鲜花和灿烂的阳光，让所有美丽的生命都尽情绽放！

人生来就是一次成长

大人不能、也无权横加干涉和左右孩子的自然生长。

大人通常只用"自以为是"的社会化和功利性眼光去看待孩子的成长和世界，因此也就"理直气壮"地轻视或忽略了孩子隐藏于身的太多可能与可贵。仍然以"成王败寇"的"传统思想"患得患失于成绩与成长之间，并在"升学主义"的强大推动下，让孩子的生活与成长在越来越有"位"的状态下变得越来越无"味"，如此的成长与人生的意义与价值又何在？

在大人"无怨无悔"的精心设计与强制下，孩子学得越来越多，却懂得越来越少；保住了分数，却荒废了人格；赢得了面子，却丢失了底子；满足了虚荣，却失去了内容。如此光鲜的外表下，却"苟且偷生"着一个脆弱的身躯，人生的快乐与幸福又何在？

人类学家梅尔文·康纳指出，"玩是一个生物学上的谜团，它耗费大量能量，经常陷人于危险之地，似乎也没有任何明显的重点、目的或功能，但智商最高的动物——包括灵长类、大象以及头型巨大的鸟类却都是最爱玩的。人类能成为万物之灵，跟乐于参与跟生存无关的玩大有关系"。瑞士儿童心理学家让·皮亚杰就提出，"玩有助于孩子的认知发展，孩子是通过玩来理解世界的"。

"我越来越相信，创造美好的代价是努力、失望以及毅力。首先是疼痛，然后才是欢乐。"梵高的这句话，何尝不是奏响了人生的辩证曲！

一位生物学家曾说过，"事实比想象更离奇"！孩子的成长就是一个释放天性、展现个性和想象力的过程，只有解放孩子的头脑和双手，给予他们足够的空间和时间，使他们不断和充分地获得自由的生活，才能从其中得到真正的教育。

让生命真实而有意义

学习，是一种特别的力量。

今天我们在探究和追求"真实的学习"的方法和意义的同时，其实还应该让孩子们从小就在乎并懂得让"生命真实"的真正含义和无限价值，因为这是生命存在和人生成长的前提。

如今的教育多是"形式教育""目的教育"或"功利教育"，少有"生命教育""真实教育"和"本真教育"，因此而损失的却是一个个鲜活的童真和一段段珍贵的生命时光。然而，可怕的是谁为这样的"教育责任"和"教育后果"来担当和负责？更加残酷的无疑是让我们的孩子们去做出世界上最无辜的牺牲，而让这普天下的"教育原罪"免单！

当我们的溺爱、包办和替代越多、越细、越强时，孩子的认知、承受和能力就越少、越弱、越差，也就越来越背离教育的规律，失去生命成长的意义。尤其是，我们对孩子"不听话的成长"和"胡思乱想的大脑"完全不负责任的"偏见"与"绑架"，将使孩子从此失去自由与正常成长中属于自己特有的思维和认知能力，所以就谈不上自由与丰富的想象和创造，而这一点就是对生命意义的辜负和人生价值的诋毁。

正视孩子的成长和教育，我们是否是这样的：对自己的要求太少，却对孩子的要求太多；对自己的要求太低，却对孩子的要求太高；对自己的行为太麻木，却对孩子的表现太敏感……在我们的孩子身心都还处在相对弱小和稚嫩的时候，我们千万不要因考试和分数牺牲掉孩子生理、心理的健康和快乐成长。

简单是福，选择理智，做一个有远见、有情怀和有责任的家长，对于生命和成长而言，过程比结果更重要，只有相对完美的过程，才会有一定无憾的结果。

要让孩子幸福，就先让他们健康和快乐！这样，生命才真实而有意义！

致敬真实

清楚地记得小时候，在跟随母亲上班的路上要经过一片熟悉的农田，蛙声、鸟鸣、牛叫以及田野中特有的一切气息。伴着我与母亲的一路欢声笑语，伴着我无忧无虑、无拘无束、无与伦比的童年。回想起这一切一切的天真和快乐，真实，就是完完全全、不折不扣的根本理由，从此，也就在我幼小的心灵中埋下了可贵的"真实"种子。

在小时候的记忆中只有想要而得不到的，从来就没有什么假的概念，尽管会有很多无法获取或得到的，但是依然会因为拥有或曾经拥有什么而满足和快乐，所以也就慢慢地学会了努力和设法去赢得，让自己的付出与奋斗有所得、有所获。在自我努力、自我争取和自我体验中去感知成长。父母唯一能给予孩子的就是时间和信任，包括在意不在意、经意不经意、断断续续的情感，尽管如此，父母的爱却是真实而有力的。

长大了，也开始越来越明白得与失的分量，"种瓜得瓜，种豆得豆"的谚语寓意，更是一次次、一遍遍地让自己长着记性。真实的生活、真实的学习、真实的成长、真实的体验，打下了我们生命、人生、思想和行为（规则）的底色。这一切都是真实的发生、真实的存在和真实的结果，无论好与坏、对与错都是那样的真实而有力，所以我们要感谢真实，感谢真实给予我们成长最大的力量。

时过境迁，岁月催老。人生本该留住和记下的那些无限美好，却被生活与现实中不断发生的一个个假、一次次假所充斥着，大有要取替、要占据、要毁灭真实之势。自以为是、毫不留情、胆大妄为、肆无忌惮，如此的冲击已无法让人去回想真与假的分界；是与非也在真与假的混杂中变得模糊和没有了界限，人们的行为和思想在不知不觉或自觉与不自觉中被扭曲着、破坏着……

一种完全失去了"真实"的阴霾正以难以阻挡之势，威胁着世间本该正常的一切，或让人难以呼吸，甚至窒息；或让人诡异般地在其中迅速变异，成为一个"物是人非"的另外"人种"。自盘古开天起，世间一切的产生与变化，无不来自最真实的发生与力量，或建立或毁灭，或存在或消失。一切都在真实、自然与规律中运行着、发展着、变化着，强大的历史与事实证明：凡一切真实而顺势之事，必昌吉；凡一切虚假且逆势之事，必败凶。

生命的意义其实就在于对真实的选择与尊重。有如我直接而粗浅的经验之谈，在我们共同生存的现实中又何尝不存在这样的真实：坚持原则（真实）就一定会得罪人，但是岂能因怕得罪人而放弃原则（真实）！起码自己不会做出这样的选择。一句真话出口或难或易，它可能是顺耳之言，亦可能是逆耳之声；它可能被重视，亦可能被忽略。但是不管怎样，它一定蕴含着一种对事实与根本的尊重与力量。就像大自然的节律日复一日地以它最真实的魅力，在推动着宇宙世界的运转、向前和发展。世间需要规律的掌控，人间更渴望真实的力量，尤其是人类面临灾难时，唯有真实、正确和勇敢才是最现实、最可行和最理性的选择。

记得冯骥才先生这样说："我相信，真正的冰冷在世上，真正的温暖在人间。"真心希望我们真实的现实中能让真话盛行，让每一个生命都能真实、充实和踏实，赢得真正的幸福、温暖和永恒……

呼唤珍爱生命的教育

生命只有一次，且无法复制。

"学校只要分数，家长只要结果，平时家长没空管孩子，学校则是多一事不如少一事，最后全靠社会来教育人，问题是社会的教育是会弄死人的。"这是一位普通家长在看到相关报道后所发出的心声与感慨。

生命是一个过程，人生是一段经历。对生命的认知与珍惜就犹如万丈高楼的地基，它将是支撑起一切一切的基础与根本保障。

没有了生命教育的根基，我们还何以建造民族教育的大厦，还何以去成就一个个生命的价值，又何谈人生的内涵与意义！

Life is painting a picture, not doing a sum. （生活是绘画，不是做算术）又如哲学家尼采所说，"一个人知道自己为什么而活，就可以忍受任何一种生活"。

一切果实都有种子，一切灾难都有根源！我们的教育必须从生命教育开始，我们呼唤珍爱生命的教育！

曾经参加女儿同学生日会发生的一件小事触动了我的灵魂！

其间一位父亲因儿子在游戏中与一女生发生了一点儿小"冲突"，在再三讲道理并要求道歉未果后"照旧修理"了儿子一顿。

随后家长一角展开了"教法"大讨论。如把当时这位父亲的"手法"是否适当"另案处理"，只就他的理念"一定要坚决纠正孩子的不端行为"并将其置于孩子成长和教育之先而言，我坚定地认为是光荣而正确的选择！

儒学的孔门四科：德行、言语、政事、文学，为何将"德行"放于首位？因为"德行"是一个人终身应保持不变、不能停止的品行，它更是做人最基本、最根本的资格！

如今的家庭、学校和社会教育，将知识与成绩神圣化，几乎把学习变成了一种追求功利的手段，置孩子们天然的求知欲和学习的乐趣而不顾，更不问中华优秀传统文化的"孝悌忠信、礼义廉耻、仁爱和平"，"不力行，但学文"，使人道教育渐渐丧失，最终"长浮华，成何人?"

在二十余年的儿童青少年心理（人格）健康教育实践中，我愈发坚信遵循教育规律，即符合人道、做人的资格教育规律的重要性及还原本真教育的紧迫性！

生态环境的破坏，严重威胁着人们的生活和生命质量，而"教育生态"的日益恶化将直接毁灭人性与生命！

让我们走进孩子们纯净的心灵，用真爱照亮他们的人生旅程，让阳光和快乐注满孩子们宝贵和灿烂的生命！

传承才是人生的意义

生命，就是在一次次繁衍的传递中，在一代一代新生命的传承中延续并不断发展着。随着自然界的持续进化，推动着社会形态的转变。这期间，文明的传承大大地促进了社会的进步与发展，在自然界与人类社会的物竞天择和大浪淘沙中，凡适者生存者都是因生命力量的传承才得以延续。所以，生命绝不仅仅是一种简单的传递，它更是生命中最有价值与活力要素的积极传承。

人生亦如此，它也不是生命的简单重复与低级传递，而是包括生命在内的一切进步与文明因素的高级传承。除了物质层面的生命个体与生存延续外，它还包含丰富而多维的意识形态元素，共同传承着生命的价值和意义。

人生，是生命力的传承。唯有自身的不断完善与逐步强大，方能在残酷的物竞天择中坚强地生存下来。所以，这里面除了无法选择的基因因素外，更重要的是既需要保持生命的活力即健康，还要有效地保障生命的可持续性，也就是生命力的生生不息。

人生，是情感的传承。每一个人从生命诞生的那一刻起，就被情感包裹着、联系着和影响着；而情感的传递又是生命另一种意义的延续，它就像山涧的小溪潺潺流淌于众生之间，滋养与呵护着生命的成长。生命来自父母，源于祖先，交错于家族与社会关系之间，影响着人生的起起伏伏、兴盛衰落。

但是无论人生精彩也好，平凡也罢，它都是在情感的伴随或依赖下造就和完成的。所以，好的人生，一定来自真诚、温暖、饱满和深切情感的最美传承。

人生，是信念（仰）的传承。人类生活的每一步提升，无不是对美好信念的坚守；人类社会的每一次进步，无不是对某种信仰的传承。因为信念的坚守会让一个人勇往直前，不断地在成长中创造价值与奇迹；因为信仰的传承能铸就一个人的心灵长城，可持续地在发展中壮大自我，成就他人。

人生，是精神的传承。物质基础与文明为人生打下了坚实的基础，而精神文明与传承更让人生大放光彩。凡世间多彩而富有、饱满而充实的人生，无不是在各种精神的传承中一一实现的。犹如仁人志士们之豪言壮语一直激励着世人：

陈寅恪之"独立之精神，自由之思想"；胡适之"大胆假设，小心求证"；梁漱溟之"三军可夺帅也，匹夫不可夺志"；马寅初之"宁为玉碎，不为瓦全，宁鸣而死，不默而生"；等等，都是独立自由、雄心壮志、勇往直前和宁死不屈之精神的汇集与传承。

纵观人类发展史，无不是一种种精神的代代传承史，无不是一部部世代伟大精神传承的宏伟史诗。其实，人生最终亦是爱与文明的最美传承！

【百善孝为先】探望表奶奶（83岁）和表爷爷（87岁）是每次回昆明探亲时要安排的必做"功课"。在不断的重复中，晚辈感受的依然是亲切和温暖，长辈体会的却是幸福与希望！从小的继承与坚持将成为孩子们长大后的一种习惯和品质……曾经是优秀特级幼教的表奶奶在我的"启发"下，满怀深情地来了一回"脱口秀"，细数当年相夫育子的苦与乐，以及姐妹们与兄弟间的情深意长，着实的轻松与开怀！想必女儿们一定会记住点什么……

异国迎豆蔻　年华亦芳华

"天知道！"生活中常常的一句感叹，今天却是从天而降，用现实变成了"人知道！"从宿命论上说，人类的命运根本就不掌握在自己的手里，只能由天命而运转；从决定论上说，人类的命运其实就掌握在自己的手中，这亦是一种自命不凡。人生，只有经历才有内容、感受、记忆，直至刻骨铭心。

全球一体化、命运共同体，这些词语似乎多是政治范畴，频频使用，好像离人们的生活还很远很远，看似都是政治家发明的概念，突然间就被接上了现实的地气。昨天悄悄潜入世间的一个小小病毒，竟然以它完全可以胜过任何强大武器的魔力，以摧枯拉朽之势一步步地征服着世界，让今天一切固有的强大与力量，瞬间开始都变得无能以对、情何以堪。一种看不见摸不着的东西不仅可以存在，它更可以展示出任何力量都难以阻挡的阵势，最幽默、最残酷地检验着人类的承受极限。似乎只有在这一瞬间、在这一刻，生命才不得不被彻底地唤醒、猛然地惊醒，此时此刻的世界，也不得不在苦涩、无奈和自然中，开始趋向一体、全球和共同。

生命的开始或许可以是偶然，但生命结束一定是必然。人类为了自身的欲望与利益，却在肆无忌惮地捣毁着自然的规律运行。其实就是在同步破坏着自身的平衡，然而这一切都必将在客观中辩证着：道法自然。世上从来就没有有去无回、只因无果的事，自以为是的一次次、一个个偶然，都必将换来一回回、一种种必然。所以任何侥幸、任何无度、任何欲壑，都必然带来与之对应的后果和回报。这期间一个个鲜活而无辜的生命，不分国界、不分种族、不分男女老少，悄然消失着，无穷无尽、无休无止。

本是一年一度的常态度假，却因这看似突如其来的"新冠"病毒，改变成一个无限期的"长假"，且扑朔迷离。本是小女儿一生中的"豆蔻"时光，要与家乡亲人们分享，却被这愈演愈烈的病毒袭扰，漂泊在异国他乡。原以为孩子会因此留下深深和难以弥补的遗憾，但是一个接一个漂洋过海的亲切关爱和他乡遇知音的温暖祝福，让小女儿的这个异样的生日变得无限的光亮和幸福。就算是没有了以往的蛋糕与烛光所带来的欢笑与热闹，也一点没有减弱生日的"氛围"，反而让孩子更加深切地领悟了生命的特别，这意味着她走向成熟、开始要担责的豆蔻年华的到来。

一股股蓄势待发的无穷力量，充实了小女儿饱满而红润的小脸蛋儿，一个特别的生日、一次特殊的经历，唤起了孩子对生命的真切体会，尤其是对生命价值与意义的刻骨铭心的认识和觉悟。这无疑是给孩子的一次普通生日充实了全新的内容、升华了人生的品质、丰富了饱满的色彩。经历是成长，磨难促成熟，人生披荆棘，生命价永恒，心中怀感恩，一生多力量，豆蔻战疫情，他乡亦芬芳。

愿加州的阳光依然灿烂、温暖，愿家乡的亲人永远健康、快乐，愿天下的人们重拾平安、幸福。

不平凡之特别的成长

入夜，体感凉快，路上基本上没有了行人，似乎已是安全，但还是戴上了口罩以防万一。借着女儿网课课间，又开始了每天例行的第二次运动，或许就是这个讨厌的病毒一直在作怪，女儿从最初的被拉扯变成了积极地投入，一家人的打扮与状态还真有点"鬼子进村"的意思。女儿的运动方式在昨天从步行"突破"为了慢跑，尽管六七分钟后已开始呼哧呼哧地喘上，但是从她欲坚持的状态中好像也能看出点什么，有一种成长中的微妙变化和渐渐的成熟。

走着走着，女儿从后面突然赶上来，已是微微发热且略带些湿气的右手，正好抓握住了后摆到位的老爸的左手。瞬间，一股暖流通达内心、进而蔓延全身上下，一种专属的父女交流方式迅速达成，美妙而完美得再无须任何多余的语言。她知我知，天知地知。小手拉大手，情真又意切，小手的一贴，似乎在传递着一种带着渴望的亲近；大手的一捏，马上收悉默契并反射出一种共同的坚定。运动中的瞬间却收获了量子般的能量，什么"新冠"与"疫情"的煎熬与无奈，通通被一股脑地抛到了九霄云外。

温暖、感动之余，百感交集、思绪万千，好像从中又一次感悟了：何谓成长？

另一种全新的"答案"在月色中明亮于眼前，心中有一种说不出的透彻与坚信。被疫情笼罩下的不安情绪，就在这美好的心境中烟消云散了。就像是女儿眼中和镜头下的这个现实世界，已经是满园春色关不住，鸟语花香尽芬芳。携手中的坚定、同行中的信任、陪伴中的温暖、责任中的坚强、美好中的希望、静待中的花开，这才是真正的成长、生命的价值、人生的意义所在！

感恩生命，读懂人生，快乐旅行

新生命是大自然最美好和珍贵的馈赠，独一无二，绝无仅有；所以，唯有珍惜。

随着时间的推移，生命开始渐渐地充盈着活力、色彩、味道和希望；所以，要品尝、要感受、要体验。

生命，从一开始就是灵动、活泼、跳跃和纯净的，且呈现出相同与不同的个体特点和色彩，好似一颗颗在阳光雨露的滋润下晶莹剔透的小水珠，神秘又可爱；所以，才精彩、诱人和值得拥有。

生命，只有一次，无法重来，不可复制；所以，要珍视生命中的每一天，要坦然地面对生命中每时每刻的得与失，要尽情地体味和享受。

生命的开始就是人生的启动，就是一段从生到死的单程旅行，一直向前，不可回程。

人生一路，难以独行，或亲人，或爱人，或同事，或友人，或陌生人一路相伴，或早或迟，或长或短，直至每一段人生的终点。

人生旅途中风景无限，四季变换，冷暖交替，有得有失；伴侣无数，他来她去，她到他走，前前后后，来来往往。唯有自己的内心一路相伴，或冷或暖，或阴或阳，或好或坏，或明或暗；无论走多长，无论走多远。

人生，一种是为别人活，一种是为自己活，或许还有一种是好死不如赖活。但是，不管选择哪一种方式活着，生命都有始有终，人生都有得有失；或者充实饱满，或者空虚单薄；或者精彩无限，或者平淡无奇；或者大有作为，或者碌碌无为；或者满载而归，或者一无所获；种瓜得瓜种豆得豆，天经地义。

人生，有长有短，有顺有逆，有悲有喜，有苦有乐，无须多虑，无可后悔。如果能够让别人快乐就是很善良的人，如果能够让自己快乐就是很聪明的人；如果能够有担当和负责任就是明智和强大的人，如果不能对己对人负责任就是愚昧和懦弱的人。

生命，在于觉醒；人生，在于领悟。希望每一个人都能用心地去感知并见证一生的本真、可贵和伟大；都能平和地去体味并收获生命中心灵的静美和安宁；都能积极地去创造并传递人生中最美好的和谐和价值；让生命精彩，让人生幸福！让人生之旅一路披荆斩棘，阳光灿烂，风景无限！

一、生命之悟

二、家庭教育

高尔基说："谁爱孩子，孩子就爱谁。只有爱孩子的人，他才可以教育孩子。"爱，是一种修养；家长们只有不断完善自己，才有资格教养孩子。家庭教育既是责任，更是职业，所以家长首先要自学与自律，其次须接受指导和培训并"持证上岗"。

人生的有用与无用

庄子曰："人皆知有用之用，而莫知无用之用也。"意思是，人们都知道有用之物的用途，却不知道无用之物的用途。也就是说有用和无用是相对的，一切事物都需要辩证地来看待。一个东西此时无用并不代表永远无用；相反，此时有用也并不代表一直有用，或许无用和有用只是主观臆想或者说是对待事物的不同态度。

世间其实并没有绝对的事情，所以也就没有绝对的有用和绝对的无用。从字面意思上来说，"有用"一般指的是可利用、有价值；"无用"一般指的是不可用、没有利用价值。二者看似对立，但"无用"也并非真正的无用。在世间和现实生活中的"无用"，即看似没有用的用处，才是最大的某种用处！所以，凡是站在主观的角度上去认为何物有何用的说法和判断都是一种狭隘的思想。人们既需要从"有用"之事物中学习，更需要从"无用"之事物中去发现被人完全忽略的真正"价值"。

家庭教育之困，越来越成为全社会关注和重视的共同话题。什么才是好的家庭教育？什么样的教育理念才能培养出正常和理想的孩子？什么样的教育方法才能造就出一个阳光、健康、快乐和"有用"的孩子？毫无疑问，实践才是检验真理的唯一标准！

人的成长如同其他生物一样，有着自身生长的规律，往往不是以人的意志为转移的。一方面，他（它）们有着共同或相似的特性，一方面，他（它）们又有着明显的个体差异，就像一棵树上没有两片相同的树叶一样。更何况人还有着意识、心理和思想的特质。

现实家庭教育中的一个普遍现象是，家长利用一切看似最好的手段使的劲儿越大，在孩子身上（学习和成长）反映出来的"理想效果"往往越差，甚至是适得其反。这已经是越来越困扰大多数家庭的一个棘手难题，同时也越来越成为影响孩子健康成长的不利和消极因素，并伴生着家庭生活质量的不断下降，甚至是痛苦和灾难。万事必得法！其中最关键的问题就是家长的主观教育理念严重地脱离了孩子发育和成长的实际，要么背道而驰、南辕北辙，要么一厢情愿、竹篮打水。

面对现实探其原因，主要表现在两个方面。一是家长往往把自己的主观意愿或传统观念强加于孩子，而不管孩子实际所求；二是家长凭借着自己的"美好愿望"自以为是的把"最好的条件"一股脑地给予孩子，而不顾孩子的真正需要。即，家长把认为"有用"但对孩子的自然成长和学习实际无用的一切不断地强加给孩子。如违背孩子学习与成长规律和个人兴趣与愿望的各类课外培训班和无限叠加的作业负担，以及形形色色、各式各样的"教育附加"，让孩子在盲目竞争和已经紧张不安的状态下不堪重负。而被家长认为"无用"的，却又恰恰是被无理放弃和残忍拒绝的孩子快乐成长和渴望获得的真正需求与点点滴滴心愿。如符合孩子心智发展的生活体验和属于孩子个性特点与内心向往的兴趣爱好，适合孩子正常、健康、快乐和全面发展的一切积极因素得不到施展和发扬。这些对于孩子来说何止是一种个人遗憾，更是一种人生的真正灾难！

"有用"的是看得见摸得着的，它们是现实的、具体的、有价值的、功利的，无疑对孩子的成长也是有利和有益的，或者说也是一种基础性和实用性的需求，只要是利用和运用适当，并让孩子真正受用，它们就是有意义的；但是，常常被家长忽视或放弃的"无用"却对孩子的真实成长、未来发展和人生幸福有着至关重要的作用和价值。永远的童心、健康的体魄、良好的习惯、健全的人格、善良的人性、无私的爱心、强大的心理、自觉的责任担当和对生命的敬畏与热爱 …… 这些才是孩子一生真正快乐幸福的"无用"之大用！

孩子的成长只有一次，如果错过了，是没有机会重来的！我们既牵扯着孩子的过去，又连接着孩子的未来。家长唯有珍惜陪伴孩子成长的美好时光，以榜样的力量，不断地学习、反思，在"有用"和"无用"之间做出理智和科学的选择，才能真正造就出一个理想的孩子，创建出一个幸福的家庭！

让我们对孩子踏实和坚定地说出：让健康快乐的心灵伴你行

走在成功和阳光的坦途！

【价值发现】曾受邀去为一部新创儿童音乐剧"出谋划策"。如此简陋的排演突然又唤起了曾经的一份特殊情感。不，应该是意外、是发现、是感动！该剧用简洁而灵动的手法却撬动起一个神奇故事和美丽梦想 —— 小动物（七耳兔）们用勇敢、执着、团结和智慧融化了寒冬，在小号、圆号、大号、小提琴、大提琴、吉他、马林巴、竖琴、小军鼓、定音鼓、钢琴……的指引、帮助和鼓励下，为家族成员唤回了期待已久的、美丽温暖的春天！故事快讲完了，小朋友们开心地认识并记住了这些神奇而动听的乐器。巧妙的构思、灵动的故事、经典的音乐、超然的表演已为接下来的调整完善、精准定位、宣传推广、赢在市场、形成品牌及打响世界奠定了很好的基础。这就是中央音乐学院副院长周海宏之壮举、善举……因为感动，吾将尽力助之，使其尽早向世界奏响春天美丽的乐章……

品质教育应从家庭开始

孩子在家庭这个无形的生命空间里，教育的根本基础，即家长与孩子之间的关系（处理）对孩子的成长起着决定性的作用。导致家庭教育"出错"的一个重要原因就是"人格平等"的缺失！学校教育和社会教育固然重要，但家庭教育（家长）才是决定孩子命运的关键！

在陪伴孩子、感受孩子和观察孩子的过程中，家长总是自居"老大"，以"都是为你好"的名义去代替孩子做出选择。孩子虽然不懂"民主"的真正含义，但他们却能亲身体会到"强权"的力量，从此在他们幼小的心里埋下了"不良的"种子。在家庭中，民主、平等就是对孩子最基本的尊重！

有爱的陪伴是家庭教育的灵魂！高尔基说："谁爱孩子，孩子就爱谁。只有爱孩子的人，他才可以教育孩子。"如今施加于孩子们身上的"超级爱"，其实已经离爱越来越远了，但更糟糕的是大多数"因爱、为爱"的家长们还不以为意着。如果孩子的情感胚胎从小不被用心呵护和耐心培植，那今后又拿什么去支撑孩子的成长、成才、成功和成人？如果世上的生物没有了阳光和雨露的照耀和滋润，那又将何以发育和生长？孩子，一个个自由自在、活泼可爱的宝贝儿更是如此！在孩子们的成长中，或许我们关注"大的"方面或"深远的"东西过多，而"起码"又"基本的"的付出与实践太少！如果孩子的成长中少有家长的陪伴，那爱又何在？一种虚拟的"爱"又如何支撑起孩子自然又健康的成长？孩子内心的快乐和幸福又从何而来？不是真爱之爱，就是实在的伤害！陪着孩子，伴着宝贝，去体验教育的灵魂与美味！如果我们每天能俯下身，面对孩子从心底说一声"谢谢你，宝贝儿！"，也许"教育"就不难了。

何谓"养育"？我以为，本能且责任也，多为"抚育教养"或"抚养教育"释义也，旧指"经过抚养、教育使（孩子）成长"。而今天，在一个"盲目教育"和"疯狂教育"的当下，大多只谈"教育"而罕提"养育"。

近日，在与教师和家长的交流中"突获"心得，即在教育学习与实践中应为"养育"正名，并还其应有之重要"地位"。何谓"养"？抚养或培养也，而如今却是"大养"而"特养"也。

大，多即"大投入"或"不计代价"；特，多为"特别用心"或"特立独行"，只要"需要"，可达"无边无际"之"极致"境地。何谓"育"？生育、养活或教育也，而如今多是"功育"又"利育"也。功，多指孩子日后"功名利禄"而"富有虚荣"；利，私盼"功在当代"后"利在千秋"之"利欲熏心"，只要"肯干"，即可"想方设法"至"不择手段"之境界。

何谓真正"养育"？其实就是简单且遵循孩子生长与成长规律也，去除杂念、私欲与妄想，"养"至"顺其自然"又"恰到好处"；"育"到"恰如其分"且"名副其实"。只有，也只有"养""育"同行、适度至和谐，才能使"教育"顺势而达"养育"孩子之道义。

然而，无论养育、培养或教育，家长的自我修养、身体力行、以身作则、富有情怀、真爱实爱、责任至上必须先行且润物细无声。

美育是一粒美丽的种子

究竟想或能给予孩子些什么？这个简单又普通的问题却是作为监护人和责任人的家长，必须面对又难以理智地、轻松地处理好的问题。

法国哲学家、教育家卢梭曾经这样说："问题不在于告诉他一个真理，而在于教他怎么去发现真理。"莫让虚荣与功利之心绑架了孩子的童年，要让孩子幼小的心灵注满清新的气息和温暖的阳光；莫让形式与教条之举霸占了孩子的美好时光，要让孩子天生的童真充满无限的想象和美丽的梦想；莫让武断与狭隘之为摧毁了孩子的未来，要让孩子珍贵的人生造就幸福的意义和生命的价值；莫让无知与愚昧之害毁灭了民族的希望，要让自然原有的光辉照亮人间的每一个角落和人类的文明。

孩子，从小需要美育；社会，需要美丽的心灵；民族，更需要美好的精神。所以，美育，是每个孩子心灵深处一粒美丽的种子！

爱美之心人皆有之，但美与不美一字之差，却会差之千里、万里！寻找美，是一个用心发现的过程；是一次积极体验的旅行；是一种主动欣赏的愿望；是一项创造纯净心灵的工程。美，其实就在心里，更是一种简单、实在、平和与真诚的美好感受！美，更需要认知。孩子从对美的感触，到对美的认知，再到对美的发现，对美的判断，进而对美的创造，将经历一个自然选择和理性审美的过程。这期间，一方面要给予孩子触碰自然的空间与时间，一方面要及时恰当地给予孩子积极的提示与引导，让孩子在自由、健康和快乐的生长中得到良好和全面的美育。教育，其实也是一个创造美的过程。教育，其实很简单，只要以寻美、造美、审美和爱美的心态去面对教育，用积极和美好的意识去善待一个个五光十色的孩子，教育就会呈现出美好的一切！美育，将润物细无声地影响孩子一生的成长！对色彩的敏感、想象与运用将无限丰富孩子的内心世界，启迪孩子对无限美好的体验和创造。

以前，有幸陪同小女儿参加"触摸自然－地球探秘"之旅，走进河床，寻找各自眼中的"宝石"，请教地质学专家陈诗才爷爷，再学着辨别和赏识大大小小、奇形怪状的石头。百闻不如一见，平日被小视或无视的石头，在体验活动中都变成了孩子们心中的"宝石"并对其产生了浓浓的兴趣，或在不久的将来还会成为爱好、专业，甚至是一生的追求。其实，人的一生能有一颗爱美之心，一个美的爱好和情趣，为之努力、奋斗一生，并享受这追求美的过程和快乐，让美的种子在孩子的生命旅程中生根、发芽、开花、结果，绽放出无限的精彩和芬芳，这本身就是一件美好的事情！

所以，爱因斯坦说："想象力比知识更重要，因为知识是有限的，而想象力概括着世界的一切，推动着进步，并且是知识进化的源泉。严格地说，想象力是科学研究的实在因素。"

父母必修关键词

【爱！】爱，不是挂在嘴边的说辞；也不是表现给别人的样子；更不是一种自以为是的情感表达。爱，是一段发自心底、用心实践、切实奏效、真正负责、共同收获的真情旅程。或者换句话说，孩子也是帮父母长大的。爱，是一种影响：你想让孩子怎么样，你就怎么样。爱，是一种感化：晓之以理，动之以情。爱，是一种示范：你的言行，就是孩子的标准。爱，是一种引领：孩子的成长，需要光明的方向。爱，是一种修养：只有完善自己，才有资格教养孩子。爱，是一种文明：做好自己，方能携手孩子共同步入阳光、进步的未来。

爱，不光是甜蜜与欢笑，还有苦涩与磨砺。随着孩子渐渐地长大，家长在不断地给予优良与美好的条件时，是否注意到这一切用心良苦之后的得与失？现实却是，家长在大量地付出之后，反而产生了更多的抱怨与无奈，甚至有时还怀疑起自己的付出价值究竟几何？似乎付出越多收效越少！

当孩子尽在得到与满足中成长时，往往就开始远离明理与珍惜，"顺理成章"地一步步走向了另一面，甚至变本加厉，愈演愈烈。

"糖多不甜"，这是一个简单又实在的道理。爱，是人生永恒的主题，尤其是对孩子的爱更是那样的甜蜜与美好。然而，强大的事实已证明：会爱，才是真爱；不会爱还"爱"，就是伤害！

无数的教育实践与研究表明，任何孩子的问题，首先是家长的问题。如果希望孩子的成长与未来充满了健康与美好的"Yes！"，那就要在这个过程中适时、及时，甚至必须地"赠予"孩子一个个能"忍下心来"的"No！"，让孩子在分明的黑白、是非面前自然生长，在常态的好坏、对错间健康成长，以一种良好和正确的心态过一个正常人的生活。

所以，爱孩子，就要学会大胆地说"No！"，渐渐地打造出孩子优良的心理和意志品质，不要让孩子在一切皆"Yes！"的任性中偏离人生的理想轨道。"No！"，也是一种爱！其实，孩子的童年，就是父母最幸福、美好的时光！真爱难得，只争朝夕！

（小故事）

伟大的父母可以是这样的：一、哪怕自己在一片黑暗之中，也要让孩子的心灵洒满阳光。二、人生有时候会很沉重，作为父母，我们应该尽量把这份重量放在自己的肩上。三、孩子虽然看不见母亲的微笑，但她看得见母亲的爱。有爱的支持，没有什么是做不到的。这是小女儿在阅读后专门提示妈妈"应该看"的内容，可见孩子在感受、阅读、联想和思考中"走心"了；由此，阅读将丰富她的生活，思考将促进她的成长。而这，来自睡前妈妈刚刚启动的给女儿的"夜读"。行动，就一定有收获！

【理性与随性】孩子在成长过程中时常会"遭遇"家长的"厚爱"。比如会盯住孩子的所有生活细节，并时时予以评价或限制，不管孩子的反应与感受如何。固然，孩子的成长与教育应该高度重视，但是，理性并不能成为养育孩子的全部，它也只能在遵循规律和科学下运行方能奏效，否则将会事与愿违，适得其反。如今越来越好的条件、越来越多的愿望、越来越急的心态却越来越弱化或剥夺了孩子最基本的技能与功能，催化出越来越多"高不成低不就"的尊贵"少爷"与"小姐"。比如，有时孩子们选择乘坐公交上下学，也就选择了体验与感受"公共环境"的概念与意识，渐渐地懂得"公共"与"自我"的关系与分寸，因此要尊重并鼓励孩子很多看似"不起眼"的选择！

其实，在陪伴和养育孩子的过程中，适时的随性不仅是必要的，有时还会有奇效，因为大人无法代替孩子，也不会完全懂得孩子，所以就"随性"地给他们留出一些自然生长的空间和机会吧！

坐井观天，必定受到角度的限定而失去了视野。现代人都太过急功近利，且不加思考地对事物妄下结论，面对教育亦如此。在社会现代化的深度影响下，孩子们的成长轨迹呈现出多样化、差异化和个性化，不同或全新的成长规律在渐渐地形成、变化着。如果我们再用"老一套"，站在陈旧和习惯的角度上去审视或对待如今的"新人与新事"，那必将事与愿违，一边伤害孩子、一边痛苦自己！换个角度看问题，登高并远望，让教育回归本原，并全方位和客观地面对孩子与家庭教育的问题，让尊重生命的观念、思想与行为及我们务实与富有实效的价值观融入教育，让孩子们在阳光下自由生长、壮大、开花、结果。

（小故事）

"老爸，今天我要早睡，因为明天早上是我们老师的公开课，好像全市的老师都要来……"准备好服装，小女儿便在兴奋中很快入睡了，速度超过平常。显然，明天有大事！"老爸，我要起床了。"少有的主动，看来，女儿是个心中有数的人，完全被一股劲儿牵引着……"老爸，今天我们老师太棒了！她很高兴地表扬了我们……"毫无疑问，老师和孩子们收获了满堂喝彩；孩子们更为自己老师的成功而无比骄傲！所以，今天的成功，是一次温暖，也是一种亲情，还是一份信任，更是一种"为荣誉而战"的力量！愿孩子们继续在如此和谐并充满爱的阳光下，健康、快乐和茁壮成长！

【善始善终】大多数独生子女在成长过程中因长时间"独居"或"独来独往"，或多或少，或轻或重都存在并表现出与人交往的问题或缺陷，而这样的情况又往往因家长的"无空"与"无奈"而"无作为"。许多家长在大力开发孩子智力并不同程度取得"业绩"之后又慢慢地"生产出"另一种苦恼与麻烦，那就是忽略了孩子的"合群"方法与能力的训练和培养。若听之任之，之前孩子们苦苦获得的各种"优秀"都将被"稀释"，甚至是"抵消"。因此，与人交往的能力及状态将决定孩子是否能够健康成长！抓住或利用生活中的很多机会，对孩子进行"过程培养"，磨练"过程意志"，在玩耍、游戏和生活中养成一种善始善终的好习惯，以成就未来的一切。而好心的家长们往往因"担心""无奈""着急""烦躁"或"看不上"等"理由"而中（终）止了孩子一个或一次有益活动与尝试的完整过程，致使孩子常常"半途而废"！

（小故事）

民以食为天。中华饮食文化源远流长，授人以鱼不如授人以渔。

光是爱吃、会吃是不够的，重要的是会品、会做，所以毛主席说：自己动手，丰衣足食！

虽然小女儿早已随我投身厨房革命，但是接受专业厨艺学习和培训还是第一次。从孩子们兴奋与投入的神情中足以看出她们的"迫不及待"和"心甘情愿"。

生活技能的培养在孩子们的成长中也是一项必要和重要的教育内容和任务。未来的竞争，绝非学习与学历的竞争，更多的是"基本能力"与"综合素质"的竞争。

一个煎鸡蛋、一碗鸡蛋西红柿面、一份面点……孩子们在勤劳中快乐着，在美食中品味着，在体验中想象着、成长着……

【尊重快乐】学习，其实是一种态度，一种修养。在与家长们相遇、相处和交流中提到和谈论最多的话题就是孩子的"学习"和"毛病"。一提"学习"就是奔忙与紧张，一提"毛病"就是着急与无奈。"学习"不好就是反传统、没面子、误前途；

"毛病"太多就不是好孩子、讨人嫌、没出息。孩子在学习上出现了情况，问题说小也很小，可说大也很大。说小是因为问题刚出现、在局部或暂时；说大就是一个态度和习惯的养成，而这个问题与孩子的健康成长息息相关，甚至有着决定性的影响！面对现实，反思自己，问题首先出在我们家长身上，正面、积极的引导与榜样的力量不足，因此"态度不端正"，并且还未修养成一种好习惯，孩子怎能没"问题"？所以，如果不找到"病根"而盲目"下药"，不仅问题无法解决，还必将伤及孩子。

　　重视学习是应该的，因为它是前提。但是教育不能"顾此失彼"，不能忽视教育的其他重要内容，如孩子与人交往的能力、自信心、吃苦受挫能力，想象力、创造力、获得快乐的能力，以及爱的能力，等等。如果孩子无力去争取并体验快乐，那他拥有再多的能力与条件又有何意义！教育的目的岂能只是让孩子上个好大学、有个好出路？如果失去了好的"身心"，教育将失去一切意义！我们有何理由让孩子们不快乐！如蒙台梭利所说，"儿童的一切教育都必须遵循一个原则，即帮助孩子身心自然地发展"。

　　【家风】家庭是社会的基本细胞，家庭的前途命运同国家和民族的前途命运紧密相连。

　　"家风是一种无言的教育，润物无声地影响孩子的心灵。"因此，"要引导广大家长树立良好的家风，注重自身修养，注意行为举止，传承家庭美德，以身作则、言传身教，为孩子健康成长营造良好家庭环境。"然而，能否主导和引导全社会主流价值观，并坚持成为制度和习惯、形成常态才是解决问题的关键！在如今的体制、制度和文化影响下，"教育者"的主要或全部精力都投向了"概念化""形式化"与"目的化"的"自以为是"的方向与目标，而把基础教育之根本、家长的自我修养、家庭的积极建设及良好"家风"的树立与传承基本忽略或完全丢弃，使我们可爱的孩子们因此而先天不足、营养不良，问题层出不穷。孩子，是鲜活的生命，而不是任何工具，更不是什么目的，他们是社会、民族、国家乃至人类的基石与希望，唯有教育者真正的责任与坚持，才是教育之希望！

自"大阅兵"以来，英勇无畏，无私奉献的精神风范经常在我脑海中激荡着、回响着……之所以这样，无疑是父亲的过去与精神越来越强地影响着我们今天的思维方式与价值取向，自然也就影响着今天的生活和孩子们的成长。无论何时，父亲正直、勇敢、善良、坚毅的言传身教和品格力量一直都是支撑我们积极向上地生活与奋斗的强大动力，更是父母留给我们一生用之不尽的珍贵"遗产"！

"栽什么树苗结什么果，撒什么种子开什么花"，所以"穷人的孩子早当家"！种瓜得瓜，种豆得豆；天经地义，自然之法则。一种风清气正的家风不仅会积极而有力地影响一个家庭或家族，它还能有效促进社风的优良形成，它更是一种无言而强力的教育，潜移默化、润物无声地影响孩子人格长城的构成与美丽心灵的造就，而这一点恰恰正是我们的民族之本、希望之根！

当良好而具品质的家风被遵守、坚持、传承成为一种习惯时，"积善之家必有余庆"，必然造福自己和社会！

（小故事）

在陪伴小女儿的过程中，我们一直在做"一件事"：追踪并观察她对于父母或大人日常言行的"特别反应"，基本结论是，绝大部分她都听到、看到并记在了心里，只待"时机"反馈而已。所以，无论我们"以为"事大或事小，都别随意而轻视。有趣的是，有一天晚饭时小女儿顺嘴问了我一句："中国和日本有什么矛盾？"神！我快速而简单作答："第一是他们不承认曾经侵略中国的历史；第二是他们给过去打过中国和亚洲其他国家的战犯立碑，他们的领导还总去祭拜；第三就是他们非把中国的钓鱼岛说成是他们的。"答完我才觉得边吃边听的小家伙怎能记下老爸的"简单"？然而事实却是，第二天早餐，小女儿主动复述时，除第一稍有不清外，其他两点清晰而准确！所以，我们做父母的，千万要重视和孩子在一起的言行，并学会欣赏孩子的点滴变化和进步，方能分享孩子"创造出"的光亮与快乐！

【以身作则】在近乎全民极度追求实用教育和功利教育的今天，孩子们的身心健康究竟由谁或又何以得到最基本的保障？

随着时代的发展和社会的进步，一个相对完整抑或完美的人生，已经不再是"约定俗成"的成长、成熟和成才就可以诠释或完成的，它还应该以"成功"和"成人"来作为"终身伴侣"，而这道看似最终的"程序"的或缺失或完成才是考量人生完整或完美的客观标准。

哲学家康德说过："世界上唯有两样东西能够长久地震撼我们的心灵，一个是我们头顶上灿烂的星空，一个是我们内心中崇高的道德法则。"如今的教育，更多的是"急功近利"和"无理绑架"，一味对分数和成绩的苛求已经在孩子们的成长中不知不觉地埋下了心智发展与道德水平或极度缺失或先天不足的种子！

（小故事）

一天清晨，看到微信里一位好友转来的一封不该致歉的《致歉信》，再次激起了我对当今社会道德现象与水平的反思与渴望。

这封中英文的《致歉信》是一位年轻的母亲替半岁的儿子给同机乘客所写的，简短而真诚。

各位爷爷奶奶、叔叔阿姨们：

晚上好！

我是一个刚满6个半月的小宝宝，在此向你们请安了！

今天有幸和你们同乘一个航班去悉尼，在乘机过程中也许会因为我的哭闹影响到大家的休息，对此我深感不安和歉意！

我妈妈会尽可能地安抚好我，请大家多多包涵！谢谢大家！

小宝宝敬上

2017年3月28日

这个才半岁大的婴儿，拥有这样的母亲，真是他人生最大的幸运。可想，"有其母必有其子"。

相比之下，当每天看到随地吐痰，以及在公共场合形形色色的恶习时，是不是我们必须反问自己，到底是谁该向身边人和我们这个共生的社会发出一封"悬崖勒马"的"致歉信"，还最起码的道德教养于我们这个赖以生存的民族大家园！所以郁达夫说："没有伟大的人物出现的民族，是世界上最可怜的生物之群；有了伟大的人物，而不知拥护、爱戴、崇仰的国家，是没有希望的奴隶之邦。"

德育，作为教育的灵魂和力量，才是中华民族复兴与强大的真正希望！因此，我们期盼着它像春风一样，唤醒中华大地，播下一颗颗美和善的种子！

【**学习与思考**】学习与思考是一生永恒的主题，无论身处何地，心在何境，都一定要面对而无法回避，无法放弃，除非超凡脱俗，存在于另外一个世界。

开卷有益，出行得意。虽然近年每个假期的出行似乎都在重复，跨越太平洋的距离亦近乎相当，然而这时空下的心境与思想，却会随着时光和时事的变化而变化着、升华着……有时甚至是千变万化，出人意料。

然而随着需求与欲望，随着变化与发展，每一个人都会自觉与不自觉地，被动学习着、被动思考着，如影随形……只是方式、程度和效果的不同而已。所以，既然如此，与其被动还不如主动来得更现实、更有益些。已记不得是从何时开始、何由兴起，在意起中西方文化的比对，从道听途说和直觉开始，进而以直接和间接的方式扩展内容，增加深度，再到身临其境，眼见为实，最后将文化差异的焦点集中到教育的本质上，因为我越来越意识到，甚至是坚信不疑，教育，才是文化和一切的根本！

今天或以后，无须，或者简单地给中西方文化和教育，下一个绝对的定义或结论，只需在客观、理性和充分的比对中，并在不断的践行与总结下，最大限度地去探究文化与教育的发展规律和本质，最终能促进文化的发展和人类的进步，在文化和教育的冲突与交融中创造根本利益的大同，实现真正的人类和谐与文明，这才是一生学习与思考的目的和价值所在。

当面对孩子的追问、调皮、反抗以及无理等等始料不及的问题家长无能为力时，恰恰就是家长必须清醒和理智之时，现实而严肃的问题与挑战已经迫在眉睫。

首先必须纠正一个十分错误和荒唐的认识，即所谓孩子的问题只是孩子的问题！家长和环境却将"问题"强加于无辜的孩子，即标准的"以大欺小"，而一切问题的根源恰恰来自家长本身，只是所谓的大人不以为意和自以为是而已。其次必须清醒地面对事物本质及事实真相，即不是孩子不听话、有问题，而是大人已经跟不上孩子成长与发展的步伐，反而以所谓的习惯和陈旧的认识去面对和看待孩子，所以必然冲突频发、爆发"战争"。最后就是家长必须正人先正己，只有经过再学习、再反思、再提高和再进步，只有摆正心态和位置，只有认清孩子成长和教育发展规律，加之万事必得法和以身作则，再就是真心、真诚、真爱和耐心、用心、恒心，才能陪伴孩子慢慢、正常和健康、快乐长大！

教育其实很简单

家庭教育从何入手？从爱出发、从心开始！

一切事物的最高境界就是简单，教育也不例外。去除教育的市场功利、环境的雾霾、生态的污染及人文的乱象，剩下的就是简单和纯净的教育。一种启迪心智、唤醒灵魂和以人为本的真正教育。

一个个孩子就如一棵棵树苗，终将在家庭、学校和社会的引导、塑造和浇灌下成树、成林、成才、成人……

【放下自我，读懂孩子】孩子一进入三年级，似乎突然觉得他们好像变成了另外一个人。其实不然，是孩子的心智发展进入了一个新的阶段，他们的情感世界更加丰富和复杂了。有时看不懂孩子们在做什么，其实他们的自娱自乐中"埋藏着"专属于他们的创造与快乐！有时大人们对孩子的误解与无奈来自"不懂"孩子，而孩子有时的抗争与泪水往往是渴望大人能真正"懂"自己；在这"懂"与"不懂"之间，孩子们渐渐长大了，他们的情感从之前的简单、直白或无序开始步入复杂、自觉和深刻，也正是这个时候，他们由于"社交"扩大，求知认知欲增强，开始在得与失之间纠结，甚至"抓狂"，因此各种新的困扰也随之而来。此时，大人们也往往因此而变得不解、烦躁和自我起来，矛盾也随之出现，"战争"也随之爆发。这样的结局无疑是"两败俱伤"，且孩子受伤最重。此时，大人们的贴心与耐心就成了关键。随之走进孩子的内心世界、倾听发自心底的声音、放下大人的自尊与自我、读懂源于自我的孩子，给予他们悉心的呵护和耐心的陪伴，用孩子们渴望的真爱引导他们走向阳光灿烂的大道，共同收获生命的意义和人生的价值！

【抓小放大】阅读中发现，哈佛大学学者曾经做过一项调查研究，得出一个惊人的结论：爱干家务的孩子和不爱干家务的孩子，成年之后的就业率为15：1，犯罪率是1：10。爱干家务的孩子，离婚率低，心理疾病患病率也低。另有专家指出，在孩子的成长过程中，家务劳动与孩子的动作技能、认知能力的发展以及责任感的培养有着密不可分的关系。近几年，寒暑期带孩子们赴美国度假旅行，其实主要目的就是想亲身体验和"眼见为实"。

别把孩子带『歪』了

在美国，孩子不论年龄大小，都是重要的家庭成员，所以告诉孩子他们在家庭中应该负起的责任是很重要的，而承担家务则是最好的方式。不同年龄的孩子可以做不同程度或方式的家务。先不论上述哈佛研究成果的准确与否，但其中的"指导思想"一定是正确和有益的。以已为例，若不是当初父母的大胆放手与坚持，就不会有我的"创举"（近三十年前的一个元旦，大学宿舍里，凭一个小小煤油炉，一腔热血与执着，为同学们奉献了一桌"饕餮盛宴"。神了，神一般的青春年华！），更不会有我今天对生活的游刃有余和对品质生活追求的基本能力。父母走时虽未留下分文和片言只语，但却留下了让我受用一生的珍贵遗产：成长财富！

【顺其自然、相互尊重】教育，是一个过程，是一次"与孩共舞"的感受体味，也是一段丰富而精彩的心灵之旅。从孩子诞生那天起，大人们都在尽力地为孩子准备和做着一切，充分享受着小宝贝儿所带来的一切满足与快乐。但是，随着孩子一天天地长大，大人们也开始做起许多"多余"或"不该做"的事，由此，疲惫、烦躁和痛苦也随之而来，而且本来与孩子亲近友好的"双边关系"也出现了"摩擦"，甚至"冲突"，而这一切的"遗憾"恰恰都来源于大人们的超现实的"多管闲事"！春天播种，秋天收获，孩子们的成长同样有着自然生长的规律。

任何反常规或破坏性的"给予"都是不当、错误或有害的。要让孩子们健康成长，就得尊重孩子们本身和他们成长的轨迹和规律，就要耐心等待他们成长的周期和时间，就要给予他们失误和犯错的机会，而不是"积极主动"地去统领或占有孩子们"自己的"时间，更不要去"包办"孩子们的"一切"！孩子们刚刚出世，正在成长，为什么早早地就选择、决定了一个个孩子的未来（结果）？无论家长们有着多大的理想与愿望，甚至具备极其优越或无限的条件，都不能打乱孩子们生长的进程和自然成长的规律。否则，往往收获的是遗憾与痛苦。比如孩子的认知过程与手段，家长切莫从小就将"成人化"的意识与情绪植入孩子的大脑，并强迫孩子用"成熟"的方式去面对一同成长的小伙伴，用"老练"的态度去对待生活中的其他人，孩子如此的"快速成长"最多满足的是家长的面子与虚荣，甚至是得意，但是最终伤害的却是不该如此"早熟"或"懂礼"的孩子！

记得小女儿上小学时，每天早晨与她手拉手站在学校旁的十字路口，等待绿灯。最早，看着别的孩子和大人匆忙抢过时，女儿会不解地问"我们为什么不过呀？"慢慢地，女儿会自然、耐心地站在路口，平静地等待着。无论是来自自身还是环境的驱使，大人把生活的"加速度"自然地传递给了身边年幼的孩子，共同奔跑在"望子成龙，望女成凤"的大道上，无暇顾及生命的意义和大自然中一道道美丽的风景。人生岂能奔跑不停，有时候站一站，停一停，等待中反而会收获更多！

随着孩子渐渐地长大，我也渐渐地感受到许多来自孩子的帮助和"教育"。比如孩子对大人言谈举止的"及时评论"，对大人处事方式的"不解"，对大人反常或过激态度的"不满"，对大人奇奇怪怪的意识或行为的"质疑"，等等。其实大多这些"提醒"或"指责"都是及时、客观和正确的，而往往大人以"主导"或"强势"角色（身份）自居而"非礼于"无辜的孩子并失去了与可爱孩子最佳亲近和情感升级的机会。因此，家庭教育是相互的，也应该是理性的，更应该是相互尊重和平等的，也只有这样，才是客观、正确和有效的教育！

有时用发展的眼光去看待和处理一切困难，无疑是一种快乐而美丽的办法。

（小故事）

刚刚结束军训生活的爱侄显得格外精神和帅气！已经长大成不愿被爹妈带出参加任何应酬的帅哥小伙又一次"破例"地给足了面子，在仅有的与爹妈团聚的数小时时间里兴高采烈地"接见"了两个多月未见的白头"老铁"（本尊），可谓两厢情愿，情投意合！

说着、玩着，人家进入了重点里的重点高中，与昔日一直忧心忡忡的爹妈开了个不大不小的玩笑，显然，这可是一个甜蜜而有品质的玩笑，当然满足而值得！

当欣然回顾小家伙的成长过程时，可谓百感交集，过早的担心与过大的忧虑使得我们这些"过来人"却常常"过不去"，所以留下了不少的遗憾与失误，比如耐心、用心、欠得法、轻自己、重孩子等等等等。

静心一想，其实过去我们太多的"责任"有不少都是"跑偏"了，甚至"偏大发"了！当用发展的眼光梳理一下过往时，才会清醒地认识到"顺其自然与尊重规律"在践行教育中的重要性和科学性。而其中最关键的就是一定要理智地放弃该放弃的和坚持该坚持的东西，把更多、更好、更有益的陪伴、尊重、帮助、信任与期待给予成长中始终在寻求榜样的孩子。

其实，在孩子的成长与教育中出现的诸多问题与烦恼，恰恰不是孩子做错了什么，而是我们不能且难以坚持！

A winner is a dreamer who never gives up.（成功者是坚持梦想不放弃的人。）

（小故事）

在今天诺顿·西蒙博物馆的参观中，有了一个小小的发现，耐人寻味，值得琢磨。数百件的作品中，其实是难分高下的，因为在它们各具特色与风格的创作背景后都有着专属于自己的艺术品质与时代价值。

小女儿的无规律凝神似乎在挑选着镇馆的十大作品：《圣母、圣子及圣经》《自画像》《柠檬、橘子和玫瑰静物画》《美德的胜利》《维特尼的画家花园》《年仅14岁的舞者》《农夫肖像》《异邦风情画》《拿书的妇女》和《湿婆神和帕尔瓦蒂》。在前年欧洲和去年美国的博物馆参观中，她还均有着"走马观花、敷衍了事"的明显"嫌疑"，尽管也偶发声音与兴趣，但毕竟还是"年幼无知"，难以强求。

然而，今天却时过境迁、大不相同，女儿有了主动、有了选择、有了驻足、有了交流，尽管反应尚还肤浅，但这偶尔两三次的凝神专注与停留已在传递她能力进步的声音与信息。

因此，积累需要习惯，但更需要坚持！（走进Norton Simon Museum）

苦苦教育为哪般

"教育其实很美！"一位小学校长这样感慨地说。然而，现实中有太多的家庭（人）都在亲历着自己造下的"教育的苦"。

在培育女儿和长期帮扶"受难家庭和问题孩子"的过程中，愈发体验和意识到认清"教育的本质"的重要性与紧迫性！

现实而严肃的事实证明，教育的本质绝不是简单而机械的灌输与传授，而是"唤醒"和"真爱"的教育！就如苏格拉底所说，"教育不是灌输，而是点燃火焰"。

如今，大多数家长对孩子成长与教育的"用心良苦"已达到了精心"雕琢"的程度，即过分地刻磨和修饰。静心一想，其实还是"封建思想"之残留在隐蔽作怪，即把孩子当作自己的"私有财产"、自己生命的延续，让孩子替自己去完成曾经未能实现的"梦"，寄希望于孩子能出人头地以使父母颐养天年……

背上这笔"孩子是父母一辈子的债"，甚至一辈子都将孩子置于自己的庇护之下，而不去正视和尊重自己的孩子，其实是另一个"全新的、独立的个体"的事实，如此长期地"呵护"，看似"伟大"，实则"变态"。

事实却是，恰恰世界上唯有父母的爱是为了"分离"。孩子成长的过程，其实既是和父母不断分离的过程，也是他们逐渐成熟和独立的过程。作为陪伴与实施教育的我们不会，也不可能陪孩子走完他们的一生，未来的路只能由他们自己走下去。我们能做和该做的就是用真爱去唤醒和启迪孩子的心灵，让他们在自然的成长中找到真实而真正的自己！

"父母之爱子，则为之计深远"，尊重并相信孩子，人生一定美好！

（小故事）

晚饭中，小女儿即将吃完一碗我自制的热乎乎的手擀面时，深情满满地对我和她妈妈说："喝完这口汤，心里暖暖的！"瞬间，气氛和谐惬意，家中一片阳光灿烂！似乎那一刻我们也被那股暖流眷顾了，心里更是暖暖的！

年过半百，还可以被如此感动，目的绝非自在得意，而是想借此可遇不可求的"冲动"向身边，甚至更多的家长朋友们"呐喊"（共勉）一声：生命可贵，让孩子们的童年过得轻松、自在、阳光和快乐一些！否则终有遗憾和后悔之时，或许到那时连痛定思痛，痛改前非的机会都没有了！

近日，因公因私与很多的家长又展开了新一轮关于孩子成长与教育的思想碰撞，最后依然是心得无二：孩子当前，教育当头，困惑无限。

别把孩子带『歪』了

结合我多年从教、育女、实践与探究的实际，面对当前广大家长的一系列或无限的困惑，可以得出一个共性的基本结论，那就是孩子们在家长眼中存在的这样或那样，以至根本性的问题（麻烦），其实就来自家长自身盲目的急躁和过分的焦虑！比如，已经被报了八个课外班的一个一年级孩子还在承受着来自家长的"这个不如意，那个不满意"，请记住，这里所说的仅仅是一位才一年级、六岁的小孩子；又比如，身为高学历的妈妈因为孩子平时的一次学习测试（或考试）成绩不佳，就可以条件反射般地从急躁快速升温到暴躁，甚至还有过激的举动。其实，类似的实例真是不胜枚举，或是不忍耳闻目睹。

有专家说，孩子的每个年龄（段）都有他自身基本的能力，家长又何必要去急于求成。其实，众多的家长只顾着或得意于自己在教育孩子上"跨越式发展的魄力"，而完全忽略或根本不顾自己一直在自以为是地"暴力式超前消费着"孩子天真无邪的童年时光！

为什么身为家长的我们自己在思想、学识、技能、心理以及修养等方面还没有做好准备（或基本合格）之前，就断然地去完成（哪怕是试图）孩子未来成长与成功的"理想设计"？到此不得不追问一句：我们当时想、要、盼和育子的初心是什么？今又何在？借此换一句话说：无论你飞得多高、多远，也不要忘了你曾经起飞的地方！

童年，应该是一个充满阳光和童趣的童年。如果家长赋予孩子学习、做事（或任务）太多的意义和太高的要求，让孩子一直或长期生活于家长已经设计好的一个个概念中，并且失去规律和均衡的发展机会，这样的结果不仅会事与愿违或背道而驰，它还必将使孩子本该精彩而丰富的童年失去阳光和色彩。

感慨于此，不妨来个由繁化简，以两位先生的名言寄语作为我们的引导与警示：陶行知语，"千教万教，教人求真；千学万学，学做真人。"冰心道，"专心地学习，痛快地游玩。"所以，切实的生活就是最好的课堂，真心的陪伴就是最好的教育。家长只有理智、充分地认识到眼下教育理念与手段的危害性，并且以洪荒之力般的勇气去深刻反思和回归教育之本真，我们才有机会"盛装出席孩子美好的童年"，孩子也才能从容成长，尽情绽放！

双向思维看教育

疯狂！其实就是为了家长心中的那一点"美好"的期许……"提高一分，干掉千人""要成功，先发疯，下定决心往前冲""只要学不死，就往死里学""就算撞得头破血流，也要冲进一本线的大楼"，一条条誓死捍卫高考的"有来路，没退路，留退路，是绝路"的经典标语无一不是把考生（孩子）们一步步地领向这"胜地"的疯狂！在此，我们无须对这一年一度的"壮举"作出完全成人化的解读，而是应该进行一个彻彻底底的"责任反思"才是。

在中国孩子的学习中，有多少选择是来自他们自己的自愿、主动、兴趣与梦想？答案自在每一位家长和孩子的心中。

"别让孩子输在起跑线上"，如此直指人心的教育伪命题一时间却使中国独有的"教育文化"充满了"体贴"般的功利与诱惑，真是难为了用心良苦的商家们，以一个简单而直白的独特语言（表达）"创意"就彻底地搞乱了中国家长们的心怀。

一个个家长眼中的"龙儿凤女"本该像花草树木一样自由地生长着、慢慢地成熟着，然而却在这心不甘，情不愿的"被学习""被考试"和"被强压"下，"被反抗"成了这般"置之死地而后生"的撕书大战！一次彻底忘我的情绪纾解和压力释放。

当我们顺势、正向地把高考和高等教育"坚定不移"地当作孩子人生的目的时，同时也就走向了教育的反面。当我们回望孩子的成长过程与教育行为时，才会清醒而理智地发现我们在教育上的虚伪与违背。

古罗马哲学家西塞罗说过，"教育的目的是让学生摆脱现实的奴役，而非适应现实"。

所以，教育就是要尊重孩子的个性特征和成长的规律，就是要善于发现和培养孩子探索与学习的兴趣，并最大限度地激发出孩子的潜能，尤其是要着力培养起孩子在任何条件下应对挫折与压力的勇气和力量，使其在自觉学习与主动作为的快乐中茁壮成长！

在体验中成长

一次活动，一个兴趣，一种感动，一份坚持，或许会影响孩子们的一生！

在这个时代里，孩子们眼里看到的是真实的世界，而我们给予孩子们的却是另一个"主观世界"；在苦苦要求孩子"必须"靠近家长意志的时候，我们"必然"已经离孩子的内心与真实越来越远！

哲学有曰，"存在决定意识"。孩子大多的认知来自所看到的和所感受到的，或从书本或从他人的经验中来。然而，这时或这个过程中极为重要的是如何及时并正确地去引导、影响及助力孩子，使其在世间"乱象"中明辨是非与真假。因此，不要怕孩子们去看、去问、去辨、去想象，哪怕幼稚、偏颇、可笑，甚至有些极端，只要他们一直在积极向上……

（小故事）

【快乐生活从创意开始！】"彩色跑"（THE COLOR RUN）跑出的不仅仅是距离，它所传递的是对生活的态度！丰台区的"创举"开启了人们对时尚、健康生活方式大胆尝试、大方追求的新篇章。真可谓"生逢其时"，一个"彩色跑"似乎让压抑、迷茫、沉重已久的人们来了一次尽情的五彩绽放，个个虽已面目全非，但内心却获得了彻底解放。5公里何其长，它仅仅是人生旅程的小小一段，甚至可以忽略不计，但却需要起步和坚持；5公里何其短，在这有限的行程中，它却使人们展开了对自然、生命与快乐的无限想象，而且让人与人之间不再陌生，让心与心瞬间没有了距离，并打破时空概念，在国与国之间架起了亲近与信任的桥梁，让世间自然、和气、快乐和多彩无限！

行大气之道，成品质之风

教育，所能成就的最大功德应该是给孩子们一个幸福和有意义的童年。人的生长是一个过程，且每个阶段都有着不同的规律和特点，该获得什么，该放弃什么，必须实事求是，尊重科学。急于让孩子获得太多的知识与技能，却放弃了珍贵、自然的生长时光，被监督和控制下的童心得不到自然、健康的生长，失去了轻松、快乐的童年还何谈幸福，没有了幸福的童年基础，人生又何望幸福的未来！

（小故事）

多彩人生，未必是固定模式。一个初二学习还较差的小子，在父母的敲打下考上了当地的重点高中；高中后又不愿学习，高三时又在父母的催促下考上了北京的重点大学。这就难懂了：到底是学习差，还是学习好？究竟是能力弱，还是能力强？算是个差学生，还是个好学生？……这就是下午与我面对面茶叙、谈心的可爱小伙、大学同学的大公子豪豪同学。如何看待和评价当下的年轻人？看来已不能以简单、传统或单一为标准了，任何短视、片面或武断也将行不通了。简而言之，对于他们需要的是，摆脱家长溺爱或纵容后的独立与清醒、不以为然或自以为是后的醒悟与奋起、目标模糊或不知所措后的选择与坚定、消极面对或得过且过后的主动与激情。其实，孩子们需要的并不是急功近利式的"聚才"与父母千辛万苦后的"铺垫"，而是家庭与社会的看好与尊重，是及时的引导与帮助，是做人的大气与做事的品质，还是发现问题、提出问题和解决问题的高人，更是独立思考、大胆质疑和敢于挑战的勇士。让学习、包容、欣赏、友爱与合作在正确的价值观驱动下，孩子们努力成为人格健全、个性和谐、才华横溢、品德高尚的一代中国新人、一群可以从里牛到外的新中国达人！孩子，希望你的未来像你的名字一样真实而响亮！叔叔伴你一路向前……

运动是孩子最美的教养

以发展的眼光看未来，还是先让孩子在运动中壮美起来！在孩子的成长过程中，其实最大的困惑往往不是学习和成绩的问题，而是身体和心理的健康问题。依据孩子成长的自然和科学规律，运动，毫无疑问是伴随孩子终身的重要因素！运动，不仅能够强健孩子的体魄，更可以很好地培养孩子的意志品质和超越自我的强大能力。一个身体和人格双双健康的孩子（人），一定是受人（社会）欢迎并有用的人！

（小故事）

【只缘身在此山中】打小就喜欢狗的小女儿，这次来到美国又是如愿以偿，每天都可以和心爱的狗狗相依相伴。

主人吴大大家的这只狗狗中文名叫"步步"，刚刚出生的她就被吴大大的公子收养，如今已是十岁高龄，是吴太太口中"集三千宠爱于一身"的家中宝贝成员。

昨天的爬山运动，或许是因有狗狗步步的相伴，虽然路途遥远（相对于孩子和身处异国他乡），且一路跋山涉水（乱石与小溪无数），但女儿是在无比的兴奋和悦动中经历并完成了那段多彩、特别和勇敢的旅程！

从一路中小女儿对步步的眼神与在意、担心与关爱中，明显地表明了这段短暂而特别的情感的升华和真爱！一路疲惫回到家时，还特别嘱咐午饭一定要奖励步步，并给她多吃点儿！所以主人吴大大感慨地说："安安喜欢上了步步，对她还真就负起了责任，甚至还心甘情愿地给她擦屁屁，所以安安真的是喜欢和疼爱上了步步！"

女儿与狗，其实就是人与自然。只要你在意它、呵护它、尊重它、保护它，它也必将以真实与美好回报你，由此而共生共长、共辱共荣、相亲相伴！

与狗为友、与爱相伴、一生健康、快乐成长……

这次在洛杉矶爬山，无疑是小女儿这次美国行的一次特别的体验，其中所获得的快乐与感受已远远地超过了爬山本身。

收获一：分享了吴先生和太太在美国的健康生活方式，在运动与坚持中获得健康、快乐与宁静；收获二：女儿"自作主张"，带上了"新朋老友"狗狗（步步）一路同行，相互的陪伴、相互的信任、相互的默契和相互的关爱使得这次特殊的"旅行"意味深长，女儿也深刻地感受和理解了"关爱动物就是关爱自然、关爱自己"的真实含义与实际意义；收获三：近三个小时的往返，一路所见的是山中自然的"原生态"，一路感受到的是陌生人相遇时的招呼与友好，真是一路清风、一路温暖。这些真实的所见与感受定会更加坚定孩子心中已经建立起来的优良品质；收获四：与狗同行、与亲相伴，在吴太太（阿姨）的率先垂范下，老爸坚定而快乐地带领着这支"亲善小队"按时、按计划走完了全程，一路跋涉、一路坎坷、一路坚持、一路收获。

感谢吴太太的带领、感谢吴先生的鼓励、感谢步步（狗狗）的仗义陪伴（已十岁高龄）、感谢美丽自然赋予孩子美好与坚定的力量、感谢洛杉矶、感谢旅行、感谢所有关爱女儿的人！

旅行，从心开始……

帮助是对孩子最真的爱

现实中，一个孩子们成长中的问题（或难题）越来越明显、越来越突出，那就是"与人交往"的能力。固执、独我、自私、霸道……其实，这些所谓的"问题"来自家庭与社会（环境），恰恰不能归罪于本是天真无邪的孩子们。

难以或无法（更好地）与人交往，即便拥有很好的物质条件和学习优势，孩子的成长过程一定充满了困难或痛苦，长此以往，或许还会成为一种隐性的"灾难"。近几年我"帮教"中的实例一次次充分地佐证了这一道理！

正是因为我们看清了当下中国教育的"病症"之一：热衷逐

利而于职业道德不顾，所以才应该努力践行本真教育，即教育绝非单纯的文化传递。正如马克思所说："教育之为教育，正是在于它是一种人格心灵的唤醒。"

所以，孩子的成长不能主观、不要片面，更不可急功近利！珍视生命，尊重规律，合理地顺其自然才是教育之出路！

（小故事）

"基础和习惯比较薄弱的同学有点落后了，接下来这段时间我们一起帮助他们进步……"这是微信群中一位数学老师与家长们关于孩子们学习阶段测试后的交流内容。一眼看到，瞬间就被深深地触动了，一种久违的感动浮上心头！

"我们一起帮助他们进步。"这再朴实不过的语言（表达）背后却深藏着人文教育的内涵，即教育的宗旨与本质：帮助人不断地取得进步！

发现学生的问题与落后，不是急躁与批评、嫌弃与鄙视，而是用心与分析、鼓励与帮助、耐心与等待，让学生在亲和与温暖、感动与自省后，"不用扬鞭自奋蹄"，使教育回归本真与真爱。

如果在孩子们的成长和学习中没有了"问题与落后"，那么还何须教育的存在？我们在赞美和欣赏先进与优秀孩子的同时，更应该关心和帮助"差劲与落后"的孩子！

我以为，对于教育而言，"优秀"不应该成为个别人的专属，而希望（应该）是一个群体的整体进步和发展！片面、极端和嫌弃的教育最终只能毁灭教育，教育之伟、之大就在于它能不断地唤醒每一个生命与心灵，使其从无知到有知、从低级到高级、从落后到先进、从平庸到卓越……

这样的教育无疑将让孩子、老师、家庭、学校乃至社会与民族受益无穷、光明无限！

感动老师、感恩真爱、善待教育与孩子！

致敬这朴实的情感与教育！！

欣赏与尊重孩子的自由状态

学会欣赏孩子的点滴变化和进步，方能分享孩子"创造出"的光亮与快乐！这么多年在与家长们就家庭教育的感受、困惑与突破等敏感或急迫问题交流之后，总是会想起教育家、一位资深小学校长之著作封面上的两句话：最好的教育就是，用50种方法教育一个学生；最糟糕的教育是，用一种方法教育50个学生。如果世上的树叶形状、大小和颜色都是一模一样的，那我们还能看到神奇而美丽的风景吗？草率地看待孩子、简单地判断孩子、武断地限制孩子、非理地评价孩子……这些看似对孩子的"爱"，其实就是对孩子最大的伤害！孩子虽小，他们依然需要平等，他们更渴望尊重！当家长懂得并学会了耐心、倾听、发现和尊重之后，真实、和谐、幸福与快乐亦就悄悄来到了……

（小故事）

【亦孩亦师】在陪伴小女儿成长的过程中，有两种感受和心得越来越强烈，并渐渐地引导或改变着自己的"教育责任"的路数与方向。

一是，理性面对角色互换的现实与合理性，换言之，常常被教育的孩子有时就是家长"不折不扣"的老师。二是，"发现"的价值对孩子的优良成长意义重大而深远。

昨日阴雨，陪孩子们一同走进"科学乐园"。在"机器人展厅"门口，孩子们欢喜地发现了可以通过扫描二维码答题而获得精美奖品的"商机"，进而开始了不同寻常的"追求与探索"，一旁的爹娘们亦是欢欣鼓舞。

不知不觉，已是中午时分，但是孩子们依然未能寻找到最后一题的答案，为了尽快"收兵"而共进午餐，俩爹分别支招"救援"：或去求教一旁的志愿服务哥哥，或干脆百度一下。然后未曾想到的回答却是如此斩钉截铁："不！我们要坚持自己完成！"瞬间，家长们彻底地被"教育"了！

当看到、听到兑奖队伍中一个稍大的男孩得意地对身旁的妈妈说"我多快呀，一百度全有了！"时，我们顿时彻底地"幸福"了！

如果没有这一次次走出去的机会，如果没有这般亲身的经历与感受，又怎能有如此"发现"？

因此，"教育"不是我们家长的专属权力！时不时"低调"地做一回孩子们的学生，岂不更加快乐、幸福！

【收获 —— 常常被孩子所感动】万物生长，是一个自然的过程。一块田地，一年四季；春夏秋冬，年复一年；只为一同体验，遵循规律。

在急躁与慌忙中，常常容易忽略孩子的一些生活细节和小节，往往因此而错失了很多较好，甚至极好的与孩子沟通或增进感情的机会。而孩子成长中的这些"点点滴滴"，恰恰又是最珍贵、最美好的东西，真可谓机不可失，失不再来。

（小故事）

"你们俩能不能声音小点儿，叔叔累了，他在休息呢！"小半日田间劳作并兼作司机的我刚刚躺在沙发上稍事休息时，就被一旁正专心拼搭"乐高"的小哥们儿的这一意外的"小小举动"所深深感动……顿时自省起作为父母平日里对孩子们太多的"管教""武断"与不经意的"忽视"。其实，孩子们都在静静地成长着、懂事着、进步着……

不久前才撒下的种子和种下的秧苗，经过了几周的浇水、除草与培植，孩子们收获了果实，收获了快乐，更收获了很多课本外的常识与知识；大人们却收获了对自然规律和孩子成长过程越来越理性和相互统一的认知自觉。

孩子们在大自然中的笑容如阳光般的灿烂！在玩乐中，孩子会体验难和易、苦与乐；会从周围小朋友的身上学到方法和勇气；会真切地感受到自己的强和弱；会观察会模仿；还会体味到与人相处的喜与忧；所以，孩子需要在自由自在的成长中体验、感受、模仿、学习和提高，童趣、天真、想象和创造本就属于孩子自己。

孩子们调皮的眼神和灵动怪异的言行背后，很可能就蕴藏着太多的可贵、可能和可喜，只要我们愿意相信、愿意等待、愿意陪伴、愿意发现……

所以，教育急不得、躁不得、乱不得！

【老爸，您终于输给了我一次！】这几天北京的天空，格外地清新灿烂，沁人心脾！

或许就是这昂贵和大方的空气彻底地陶醉了晚间例行玩耍的孩子们，讨价还价地与爸妈们争取着一个又一个的"五分钟"，似乎想吸干这PM2.5值已低至个位数的、仿佛只有在童话世界里才能享有的纯净而美丽的空气。

难怪，同时"醉氧"的爸妈们也着实地践行了一回与时俱进，宽容地给出了那平时吝啬的一个又一个"五分钟"，共同沉醉于满天星空之下……

时间一到，各回各家。九岁多的孩童们已渐渐地建立起"红线与底线"的意识，实属难得和可贵。

紧接着，在回家短短的路途中，一小段习惯却又震撼的父女对话开始了……

"乖乖，天下的万事万物都是有始有终的，所以玩也是一样的，有开始就有结束，是不是这样呀？"

小女儿片刻无语，或思考中……

"乖乖，那你能说出世界上哪有只有开始，但是没有结束的事情吗？"老爸的语气亲和而坚定。

"有啊！学习就是没有尽头呀，学习不就是只有开始，没有结束吗！"小女儿如此快速而机智的回答让身旁的老爸顿时像缺了氧似的，瞬间矜持住了！

"老爸，您终于输给了我一次吧！"小女儿少见的喜悦与自信立刻唤起了老爸的清醒和无比的开心。

正是小女儿口中这从未有过的"终于"和"第一次"震撼了老爸的心灵，一时间似乎所有的教育感悟都涌上心头，瞬间化为了心中一种甜甜的滋味与美好！

别把孩子带『歪』了

或许，这就印证了我们中国的那句老话：种瓜得瓜种豆得豆！所以，陪伴与教育应该是幸福和美好的！

睡前，老爸又不甘心地追问了一句："乖乖，那你是怎么那么快就想出来的呢？"

"老爸，你想想，孔子有那么大的学问，他还要去向别人请教和学习，就像您说的'活到老学到老'嘛！"

老爸恍然大悟后开心地对刚刚出奇制胜的女儿说："乖乖，今后爸爸非常愿意这样不断地输给你！"

"真的吗……？"

父女的对话就这样在清新的空气、甜甜的回味中结束了……

【"高端对话"】成长，就在不知不觉中……昨晚，饭后休息小女儿选择了手工折纸。

我专注着《焦点访谈》中"家族式腐败"的节目，相邻而坐的父女俩正"各司其事"……

"老爸，他们都怎么了？"看来一旁认真折纸的小家伙在一心二用着，"因为他们都犯了罪，做了很多不该做的事，所以成了罪人，要审判他们！"我脱口而出，且语气突然重了起来。

万万没想到的是，接下来女儿看似轻松的"发言和表态"，顿时让一旁的老爸老妈"凝重"起来。"你肯定不会这样的！"小女儿的语气自信而坚定，甚至还带着一丝的轻松和随意。

"你好棒呀！"我的视线已完全地转向了女儿。"只要你不这样，我就放心了！"完全一个身份、角色大反转，好大的口气，俨然一派长辈的亲切叮嘱……

无语中，满是飞扬的思绪和甜甜的欣喜与收获！

所以，成长需要等待，教育需要欣赏！

美好的情趣需要培养和升华

豁达的情怀是人生的滋养，丰富而健康的情趣却让人的心灵更加阳光、壮美！艺术的本质归根到底就是人的内在尽善尽美的修养及人性唯美的提炼与升华。所以，审美情趣的建立要从娃娃抓起！

"学了一门技术，伤了一门艺术！"这可能是大多数家中有"学艺"孩子的家长的共同感受。其实，"伤"的何止于此，还有中国人"不计成本"的、更多的时间、精力和金钱……而形成这种格局与状态的背后更多的是艺术教育的"功利化"。因此，与其说是大人们在攀比、竞争，不如说是孩子们在被动、打拼。由此可以说，每一个"成功"学艺的孩子身后，都站着心甘情愿、历尽千辛万苦的家长。

或许是受到我的些许影响，小女儿也对色彩和创意非常敏感且兴趣盎然。

艺术与创造来源于生活，生活又来源于自然。

色彩，能诱发人丰富而神奇的想象；也只有无尽的想象才能催生发明与创造的力量，才能推进人类的文明与进步！

走出去，让内心世界更加丰富、多彩和强大起来，去迎接未来一切的变化和挑战！

（小故事）

【HOLLYWOOD BOWL（排演也精彩）】相隔一年，再次走进"好莱坞碗"，不是来听正式音乐会，而是来看音乐会排演。

欣然接受 Monica 阿姨建议，调整观演方式，让即将进入学校乐团的小女儿以零距离"专业实践课"的形式来观摩和学习一场高水平音乐会的排演，无疑对她今后的"职业生涯（长笛）"是积极和有益的！

一大早，HOLLYWOOD BOWL 内虽然观演人数不多，但是已被洛杉矶炙热的太阳照得火热。帅气活泼、年仅34岁的洛杉矶交响乐团驻团指挥家 Gustavo Dudamel（委内瑞拉）很快就把人们带进了柴可夫斯基那华丽与动听的音乐世界里。尤其是严谨苛刻、认真幽默的指挥家给在场所有"虔诚的观众"留下了深刻而可爱的印象！在整场排演中，小女儿少有的专注，甚至是目不转睛的"秘密"在散场后的交流中才被揭晓：她一直在盯着乐队里的长笛手，特别是她的手指（指法）和表情；瞬间，我恍然大悟（小女儿是学校乐团里的长笛首席）。

排演音乐会在幽美的"天鹅湖"和父女的默契交流中圆满结束。

音乐无国界，欣赏须修养！

请珍视孩子所有的"意外"

或许是老来得女的特质心态，或许是从小养成关注细节的习惯，又或许是父母从小也是这样对我们的缘故，我对孩子的细节变化特别敏感，常常会发现孩子在成长中的各种"意外"，其实应该说总是感动于孩子带来的"意外"惊喜。

回想我们的小时候，父母除了关心我们的吃穿外，基本上就没什么在意的了，或许就是现在俗称的"放养"，我们大多数的时间都是自由奔放在户外，和小朋友们在一起无拘无束地，爬高上低、嬉戏打闹、无边无际，就好像那辽阔的天空也已经关不住我们了，天老二，我老大的那份豪气已经势不可挡，每天都收获着各种不同和有意无意中所得的"意外"，那种得意、那种自在、那种快乐和那些漫无边际的遐想，已经成为那个年代专属于我们成长的"专利"，完全受到自由、快乐和无限的保护。

比如我曾经太多太多的第一次，第一次试着孵小鸡，数着日子等着小鸡破壳而出；第一次用泥巴捏飞机坦克大炮，制作作战沙盘模型；第一次操练木匠活计，尝试着钉制小板凳；第一次模仿别人，制作木质结构的"自行车"（滑行车）；第一次爬上高大无比的"东方红"推土机，去推挖部队大院的鱼塘（局部）；第一次和兄弟一起钻进80式坦克里，真实学驾坦克；第一次主动地生火做饭，在乌烟瘴气中创造出"奇迹"，等等等等的第一次，都是在父母不知情或没有任何干预的情况下经历并完成的。尽管当时也会遇到困难、磕磕绊绊或是很大的阻力，但是最终都能有惊无险、化险为夷或在奋力坚持下如愿以偿。正如杨绛先生所言："有些人之所以不断成长，就绝对是有一种坚持下去的力量。如要锻炼一个能做大事的人，必定要叫他吃苦受累，百不称心，才能养成坚忍的性格。一个人经过不同程度的锻炼，就获得不同程度的修养，不同程度的效益，好比香料，捣得愈碎，磨得愈细，香得愈浓烈！"

如果当年的父母一千个担心、一百个不放心，并且完全"绑架"了我们的童真与手脚，也就不会出现我们当时的每一个（次）"意外"，作为父母（教育者）的他们无论怎样的自信，也就根本没有"发现"我们（创造）的任何机会，也就没有我们还算作基本合格和正常的今天，这一切正好被季羡林先生所言中："我们所度过的每个平凡的日常，也许就是连续发生的奇迹！"这里所说的，孩子成长中的所谓"意外"，其实就是，孩子成长过程以及一生中的一切无限的"可能"，或是"必然"，而不是一切都被父母安排好，或在按部就班和言听计从下的"应该"或"必须"。

现行教育中存在的"错位"与"功利心"，已经或正在很大程度上扼杀了孩子们自由与童真下的太多的梦想创造和无限的个性化发展机会，从而丧失了助力孩子健康全面成长的关键要素，也就是在孩子成长的关键时候（阶段），家长往往会犯下关键性的错误：一心想着把自己的孩子"造就"成"别人家的孩子"，把所有的孩子都"打造"成"一模一样的优秀"，由此来满足我们不折不扣的"私心"和彻头彻尾的狭隘。

纵观古今中外的成功与成就事实，难道还不足以让这样的"人祸"止步并终止吗？醒醒吧，已是或正在以我独尊、自以为是的家长，多一点心思去"发现"自己的孩子，多一点时间去欣赏和享受自己孩子的一切"意外"之喜，那将是多么美好的事情、多么精彩的生活！

孩子的每一个瞬间

很多与家人，特别是孩子共同的心悦，多半是在怀旧中与他们分享童年时的美好记忆，或是以自己的童心去与孩子的童真相撞成趣，每每那样的时候我们都是超凡脱俗的，就好像是存在于另一个空灵的世界里；空静，还带着灵动而顽皮的气息，所有尘世间的杂念、复杂、不快或痛苦，都早已抛向九霄云外，仿佛从未存在过，所留下的一切都是那样的清晰、简单和沁人心脾。

孩提时就像一个无法甩掉的跟屁虫，和母亲一同走在田间小路上，时而紧随其后，时而欢跳在前，"哇、哇"的蛙声成了最忠实的伙伴，叽叽喳喳的麻雀为我们一路领航，偶尔眼前蹦出来的蚂蚱就像是一个小精灵，调皮地挑逗着你那欲求而又不得的不甘之心，好在这样的感受也已成为一种司空见惯的经历，再加上还有着那熟悉的乡土气息和一路的油菜花香相伴，母亲（校长）好几里的上（值）班路程，就在那无厘头的欢天喜地中到了站，突然的不舍与贪恋，似乎还留在了那神奇的田间地头，那时的快乐、那每一刻的心动、那份深深印在心底的童真，却来得如此的轻松而简单、直接而痛快、无拘又无束，这或许就是现在为什么开始喜欢怀旧的原因之一吧。

现在就在我们的家中，我把当时还是四五岁的小女儿的"处女作"：她第一次用毛笔写出的字，她第一次用彩笔画出的彩色画，她第一次用橡皮泥捏出的人偶，她第一次用废物拼搭出的四不像模型，等等等等，都一一装裱、制作或安装成型，悬挂或摆放于家中比较显眼的位置，以示纪念并和亲朋好友分享。

别把孩子带『歪』了

其实这样做的目的很简单，并合乎情理，那就是留下或记住她那些曾经的最原始、最真实和最珍贵的每一次"触动"，和那一次次稚嫩而灵动背后的，她幼小心灵中最鲜活、最自然的那一点点光亮，进而再去聆听、观察、体会和发现自己孩子的与众不同以及未来一切的倾向与可能，而非其他任何脱离实际的想法，和形而上学与教科书式的、任何急功近利与功利熏心的做法。借着这次"抗疫"生活的无奈与闲暇，可以，其实是不得不静下心来，对过往的经历，特别是自己曾经的教育理念与行为，来一次心平气和的总结和近乎痛彻心扉的反思。一来，重新整理心情、梳理思想、痛定思痛、调整心态、矫正错位、重树意志、充满信心、理智前行而再"尽人事而听天命"。二来，本着实事求是、认真负责的态度，以及尊重孩子、尊重规律和尊重科学的原则，重新认识自我、重新扮演父亲、重新担负教育职责。借鉴无数自己的职业经历和认识到的所有经验教训，并以与时俱进和正确价值观为导向，真正地担负起作为家长和教育实践者的时代与历史责任。

如今的大多数家长，普遍都受过一定或相当的教育，我们或许还要面对依然缺乏判断是非善恶能力的事实，并且还被泥沙俱下与含混不清的社会风气和文化乱象影响着、左右着、改变着，甚至是破坏着，使得我们在教育与被教育的过程中，要么不到位、要么错位、要么过激、要么急功近利，从而失去了我们从教育中本该获得的一切发展机会。然而，残酷的事实严正地告诫着我们，生命和成长永远都是不可逆和不可复制的！其中的一个关键点却是：现实中，我们的科学技术教育与人文科学教育并未完全整合，甚至是基本脱节的，所以必然严重阻碍我们教育的整体与和谐发展。在具体实践中造成了太多"非教育因素"的负面影响，使得很多人，特别是青少年学生，往往因为"非智力"因素而偏离成长轨道，甚至是彻底地误入人生歧途，渐渐地沉向迷茫、抑郁和绝望的谷底，而这一切的错误或灾难都要归结于，我们的教育从一开始就忽视，甚至是完全缺失了对孩子们从小的人格健康养成，以及科学教育观和正确价值观积极与正能量的引导。

我们切不可再因小失大地忽略或放弃孩子们在成长中的"小"与"细微"之处，而好高骛远地从所谓的"大"与"显著"之处着手，忘了，甚至根本就不想去捕捉孩子们在懵懂而自由成长中瞬间的光亮，因为那或许才是他们未来发展的真正希望所在！

相信孩子、发现孩子、陪伴孩子、看见孩子、读懂孩子，一同经历风雨、期待美好、共创精彩！

榜样的力量

教育，应该是双向或多向的，并非一定是家长对孩子、老师对学生，有时却是孩子、学生对父母和老师，孩子、学生的健康成长，就是在这样的互动与交替中进行和完成的，关键就在于正向、正轨、正确和正能量的践行。

那么什么是好的、科学的教育？实事求是地说，首先是正确的家庭教育，现实中越来越多的家长，对家庭教育的认识是模糊，甚至是错误的，往往把孩子的教育与成长寄托在学校、老师和社会上，如名校、名师和校外补习等，而把决定孩子一生的家庭教育要素完全忽略或放弃，用全心全力的付出去收获灰心丧气的努力，过度教育的低龄化和教育的急功近利，使越来越多的家长在攀比和盲从中拼命地"抢跑"，唯恐孩子输在"起跑线"上，而抢不到人生"马拉松"的第一名，否则就实现不了"自以为是"附加给孩子的，其实完全是属于自己的愿望和梦想，因为自己根本无法接受未来的孩子可能成为一个"普通人"，而让自己和家庭"蒙羞"或"蒙冤"于世。正是这样"狭隘"和"封建"的思想与短视，一天天地扼杀着孩子们的天性与童真，置孩子们的成长规律、兴趣爱好、奇思妙想于不顾，将本该美好的教育教条化、功利化和技术化，想当然，甚至是非人性地构建着孩子们未来的"空中楼阁"，把孩子们自由成长的权利和客观存在的社会属性抛之脑后，一点点、一天天地将孩子们"私有化""模式化"和"功利化"。

在现实教育中，影响孩子成长的因素是多元的，但是家长才是众多因素中最重要的要素。做好自己、做好榜样就是最好的教育！以父母为主的家庭教育对孩子的成长起着决定性作用，特别是孩子们幼年和童年时期的教育，将直接决定孩子们一生与未来的一切可能和幸福指数。其实，人的智力水平相差并不大，真正决定一个人成才和成功与否的，恰恰是平常往往被人们忽视的非智力因素，如道德、善良、正义、信念与胸怀，以及意志品质、开阔视野、健康意识与自信能力等，而并非让无数家长们患得患失和焦虑不安的"致命稻草"，如各类提高班、竞赛名次、种种奖项和可能获得的各种资格。

近来，在与众多孩子们的接触与交流中，特别是看到小女儿在学习和成长中的"所作所为"，着实让我又清醒和理智了一回，似乎过去太多的"抓大放小"是值得反思的，孩子生活与成长中的点点滴滴，其实隐藏和孕育着很多的亮点、智慧和价值，以及他们有意无意"创造"出的失败与错误，而这些可能就是促进孩子健康、快乐和全面成长的珍贵财富；再就是努力做好家长，以平和的心态、理智的引导、用心的陪伴、智慧的启迪和榜样的力量，创造出一个和谐、和睦、阳光和温暖的家庭，为孩子营造一个活泼健康、阳光灿烂和人见人爱的幸福人生！

别把孩子带『歪』了

三、生活随笔

生活的本质是参与和体验，它还是一个积极追求并努力获得品质的过程，它更是物质与精神、希望与心灵的碰撞与统一。

纯净的心灵世界

人心，专属于自己，亦可与人分享。她储存着丰富的情感资源和无限能量，她同时又容纳着自我和更多的别人。有时或许还会超越一切，犹如云空间一般无所不有，林林总总，包罗万象，甚至好像一个巨大的杂货铺，五颜六色，琳琅满目，人小胆大，或许就有点这个意思。

人心，有时候是被情绪左右的，甚至完全控制。有容乃大，高兴或得意时她就像无边的海洋；鼠肚鸡肠，受伤或狭隘时她就是剩下点滴都觉得多余。当她愿意时，便是海纳百川，五彩缤纷；当她为难时，就会讳疾忌医，黯淡无色。她，是有形的，是一个重要的生命器官；她，是无形的，更承担着非物质的功能和作用；她同时作用于她的主人，服务于物质与精神的两个领域，其作用非同小可。

人心，是有色彩、有律动的。主观上，往往选择光亮与暖色调，洋溢快乐与奔放。客观上，常常又会明暗与冷热交错，无奈困惑与挣扎。真诚与善良、无私与大气，就会暖如春天，阳光灿烂。虚伪与丑恶、自私与狭隘，必将冷似寒冬，昏天暗地。犹如这个突如其来的无情疫情，疯狂般席卷着全球的每一个角落，直面每一个活生生的生命。不分地域与种族、男女与老少、高低与贵贱、先进与落后，亦不受任何制度与价值观的左右，有的地方，勇敢面对，积极努力，全力以赴，温暖人心；有的地方，麻木不仁，稀里糊涂，坐以待毙，催寒人心。人心向善，则人心向上，一切变得越来越美好；人心向恶，则人心阴暗，一切变得越来越丑陋。然而，这一切的一切就在于：选择（选择就意味着放弃）！

相由心生，境随心转。经历与事实就是最好的证明。对于这次疫情导致的无限期滞留他乡，加之时差错位下的网课压力影响，以及无法预测和扑朔迷离的无期未知，着实为孩子担心了一把，无论是身体，还是心理上，都是一次艰难而非常的考验。然而从小女儿困居生活的举止和状态来看，特别是人家困中找趣、苦中求乐的心境，父母一心的担忧与纠结似乎都是多余的，甚至是"无知"的。

所以，父母与子女间的担心与关爱，其实都是相互的、互补的，千万别再以（认）为成长中的孩子，在家长面前永远都是"被动"和"从属"的。其实，孩子的成长绝不仅仅是个头、外形与力量，更重要、更有意义的恰恰是心智正常、人格健全和向善向上的价值观塑型。

非常时期，非常画展，非常意义。从小女儿笔下那一笔一

别把孩子带『歪』了

划、赤橙青蓝中，尽管是随性而无厘头的，但似乎已经看出了她这段非常成长的端倪，和她眼中的世界、心中的梦想……

继续吧，孩子！画出你心中最美的期许和不可限量的未来！
（小女儿"美西疫期"袖珍画展一）

学会发现　收获惊喜

"爸爸，写得很好哦！不过，这和哲学应该没有太大关系！"昨天的《画展》一文竟然引来小女如此的反应。"哦！你这是什么感觉？"心悦中带着一丝的好奇，便套问了一下。"爸爸，我觉得您完全可以用这次'隔离'的经历写出一本书来！"哇，小家伙已经在预知未来了！是鼓励，还是"任务"呀？但至少是小女真实的一份信任与心愿。"好像可以耶，不过这还不得写疯了呀！"对话至此，已是洛杉矶的凌晨一点多了，所以也只能是随机打趣一番了。

现实生活中家长习惯性的强势，常常压制了孩子的内心，阻断了孩子正常的思维，同时欲对孩子自私的占有和时间机会的控制，往往就抑制了孩子"顺其自然"的进步与发展，同时又错过或失去了对孩子的本色认知机会，反而还自以为是地以为这一切都是在对孩子负责任，而全然不顾孩子成长与生活的本来面目，使得孩子在太多的不得不中被动成长，失去了自然、本真、自由、主动和仅属于自己的一切可能。然而孩子的成长又是不可逆、不可复制的，等到意识到错了的时候，往往已是悔之晚矣！就像季羡林先生之感悟："一旦当我懂得了珍惜的时候，本该珍惜的东西早已悄悄从这个世界溜走了。"正是这样亡羊补牢式的醒悟，挽回了太多与孩子间的各种机会与无限，要不是静观其"作"，静待花开，或许连这些看似平常或还有些精灵古怪的画作，在伴随孩子成长的一生中都无法看到，更何谈从这一幅幅画作中对孩子内心的触摸，从而彻底地失去了孩子成长中"发现"的价值。否则怎么知道自己的姐姐在她心中的样子，又如何知晓孩子眼中世界的多彩与无限，更不可能感知到孩子内心涌动的丰富情感与灵动遐想，以及孩子与亲朋好友或陌生人相处和交流的方式与机灵。

所以，成熟是一个自然而富有逻辑的过程，不急、不躁，不慌、不忙，不追、不赶。心贴心，情相连，你愿感动孩子，孩子就会感动整个世界！（小女儿"美西疫期"袖珍画展二）

有心与用心，真心与专心

一个人只有用心去看，才能看见真实，或许纯真的孩子们更是这样。人的痛苦与不安，往往是害怕看不到未来的希望；人的绝望与无助，常常是不敢面对现实背后的真实。不少人是还没有看见真实之前就轻言或放弃了，而对真实的追求与获得恰恰才是一个人的根本需求。

一个个活在现实中的人，往往就是在真实与虚假间、接近真实与真实间穿梭着、徘徊着、纠结着或斗争着，哪怕是一句真实的谎言也能安慰人一阵儿或一辈子。不过，真实总是让人坦然、亲切和舒服。

心动于此，还是觉得多读书让人心胸开阔，受益良多，有如季羡林先生所言："如果读书也能算是一个嗜好的话，我的唯一嗜好就是读书，人必须读书，才能继承和发扬前人的智慧。"人类之所以能进步，靠的就是能读书会读书的本领。前日夜话时，小女儿口中飞出"哲学"一词，还让我纳闷了半天：此意出于何处？胡乱揣摩一番，今日或许明白三分，现实中的老爸在"学以致用"吧！真心的老爸或许还是没有悟出小女的真实（表达）。

这个肆虐全球的病毒来势凶猛，其实它却道出了一个简单而严肃的命题：关系！（该如何处理？）也就是世间某种或某些"关系"的破坏，必然打破某种或某些特定的平衡，由此造成或带来某种或一系列的麻烦与灾难。难道不是吗？一个个、一次次现实而残酷的事实，无不折磨着一个个无辜的生命、毁灭着人类赖以生存的大自然。就像眼前这个家伙"新冠"一样，就在人类如何处理"关系"问题上，毫不留情地给了致命一击，并且一步步地毁灭着生命及一切。由此，又想起季羡林先生曾经这样说过："一个人活在世界上，必须处理好三个关系：第一，人与大自然的关系；第二，人与人的关系，包括家庭关系在内；第三，个人心中思想与感情矛盾与平衡的关系。这三个关系，如果能处理很好，生活就能愉快，否则，生活就有苦恼。"人与自然的"关系"被季先生排在了第一位，其重要性可见一斑。这次疫情正是给所有人一次严正的关于"关系"处理的深刻反思和警醒的机会，那种极其困难的环境中，人生乐趣仍然是有的，在任何情况下，人生也绝不会只有痛苦，但愿从小女儿的这一幅幅真实而稚嫩的习作中，能够些许地领悟出一点上述季羡林先生的人生哲理。

一切，有心、用心、真心、专心就好！（小女儿"美西疫期"袖珍画展三）

非常时期　非常视角

连续三天的《非常心画》今日告一段落，来自海内外四面八方的关注与鼓励，着实有些出乎意料。因为那只不过是一些个人表达和家庭趣事而已，但是却在短短的一小段时间里，迅速汇集成一股巨大的暖流，温暖了已被这个"疫灾"催寒的心。所有的爱似乎在那一瞬间被凝固了，整个时空也突然光亮和灿烂起来，就像季羡林先生悟出的禅机："那种极其困难的环境中，人生乐趣仍然是有的，在任何情况下，人生也绝不会只有痛苦。"

刚刚十四岁的小女儿，从不得不成为一名"抗疫战士"的那一天开始，虽然看不出什么明显的变化或惊人之举，但是只要特别用心、细细观察并稍加琢磨，就能从她看似平常的生活与态度中，发现一些与日常好像不大一样的微妙变化。当然，更多的感觉也只是停留或限于她的表情、气息、眼神和动作的幅度上，或是对她心灵与思想方面推测式的领悟。

或许是为了更好地知晓和掌握她的真实情况，除了和她交流有时用手机拍点东西的心得外，正好借着午后家中常规运动与准备上网课的间隙，来了一个小型"家庭会"（不定期的家庭传统），话题集中在"如何管理和控制自己的情绪"，以及"如何在困惑与艰难中分清主次"两个方面。"以理服人"导向式的习惯性交流，又一次收获了她质朴而真实的内心："两次落泪都是源于我真正的感动！"从季先生一生悟出的长寿之道中，好像已经找到了相应的答案：走运时，要想到倒霉，不要得意过了头；倒霉时，要想到走运，不必垂头丧气。心态始终保持平衡，情绪始终保持稳定，一派大师的风范尽显眼前。

思绪至此,又一次印证了一个不争的事实与道理:我们伴随孩子的成长过程,其实也是作为家长的我们另一种方式的再次成长。帮助、说服和教育孩子的过程,既是家长换位思考、理智反思的过程,又是家长进一步自我完善、不断提升的机会;家庭角色不断交替和转换的时候,其实就是家庭氛围与和谐正在营造和创造的美好时光。而这一切需要的就是家庭成员间彼此的信任与宽容、甘愿与大气、风趣与幽默、相信与付出。

所以,我渐渐地以为并明白了,陪伴孩子成长最大、最有益的收获就是,以孩子的成长与变化为镜,从中渐渐地便看清自己、真真地发现自己,从而让自己心甘情愿地回归真实和理智。由此,忽然想起老舍先生的一句箴言:"人若是看透了自己,便不会小看别人!"带着这番简单而深刻的哲理,再去面对小女儿手机里的镜头时,便有一种眼前一亮和豁然开朗的轻松与欣喜。无论是身边一花一草的鲜活与生气,还是时隐时现、欢跃得意的小小蜂鸟与精灵可爱的小松鼠;又无论是敏锐中突然发现的夜空趣象,还是富有想象的影像组合与灵动中的二度创作,都马上变得那样的美好和容易理解,甚至还会诱发你丰富而不可思议的很多遐想。这一切,或许就是情感相连、心灵相通之造化吧。

如你愿等,孩子就会把心中的一切美好展现于你!(小女儿"美西疫期"手机摄影作品展一)

放飞童心 收获真爱

大约在老夫十几岁时发生的一件事,至今依然记忆犹新,无法忘怀。尤其是这两天脑子里基本都是有关"摄影"的事,特别是小女儿也一同在筹划试展。

记得那是四十多年前三月初的一个周末，一大早天空突然变脸，飘飘洒洒仿佛一派北国风光。一场鹅毛大雪彻底地改变了眼前的世界，春城昆明迎来了历史上罕见的特殊天气，给常年以来尽享四季如春的春城人民带来了破天荒般的惊奇与狂喜，从天而降的皑皑白雪悄然间把熟悉的家园装点成一个梦幻般的童话世界。瞬间，似乎整个世界变成了一片欢乐的海洋，无论是男女还是老少都还来不及添衣加袄，就已经是忘却一切，热血沸腾了。突然间，正兴致高昂的我做出了一个疯狂的决定：立马骑着那辆父亲刚买给我不久的"永久"牌自行车（相当于今天的中高端"豪车"），飞奔昆明市中心五一路的之福表叔家，去斗胆地求借他那台珍爱有加、虽久犹新，曾经让我眼红、手痒已久的120照相机（已成古董），来一个一举多得的"大圆满"（当时绝对的奢望）。

一是借机也能"拥有"过它，二是尽可能多地记录下已是银装素裹的美丽世界，以及史无前例的一个个精彩绝伦的美好瞬间，三是可以在众亲友面前得意、嘚瑟和畅快一番。或许还有更多更多没有想象到的其他所得……最终我成功了，如愿以偿地收获了当时所奢望的一切，所以当然是：满足、幸福、快乐无比。不过，通过此举还值得（必须）一提和一赞的，一是因为当年我那很不争气的身高所限，尽管当地有着"十里不同天"的天气特点，东边雪大，西边雪小，但是来回二十多公里的不凡路程，我都是在三角形车架间"掏裆"（够不到座椅！）一路狂奔的，变形的身体是如何承担起平衡与前行的，同时又费尽了多少体能，扛住了多大的压力，就是现在回忆起来都是无法想象、不可思议的一件事，这或许就是童真时代特有的爱（好）与梦想的力量吧；二是当年那人小鬼大的勇气与坚持，收获了太多的不可能，甚至是小小的人生奇迹，那番不曾、不敢想象的真实体验与经历，在我幼小的心灵里埋下了一颗敢于尝试与突破，甚至是有点"反叛"的种子。犹如历史、文化大家和哲人陈寅恪先生所言："独立之精神，自由之思想"！从那以后似乎就是沿着这个忽明忽暗的轨迹，一步步地成长、成熟、成人、变老成现在的样子。

真不知道小女的这个爱好与潜能里，有没有来自她老爸的影子和痕迹，但是不管怎样，父女有共同的爱好也算是一件幸事。至少可以彼此相伴、共同成长、相爱一生。俗话说，爱好就是最好的老师！或许就是这样或类似的爱好与执着，就会成就孩子一个无限灿烂和美好的未来。所以，与其说这是一个所谓的画展或是一次自封的摄影展，倒不如说它们其实就是一次父母与女儿最浪漫的梦想放飞和最温暖的心灵对话，更何况是在这举世瞩目、"全民皆兵"的抗疫斗争中，必然有着一种特别而刻骨铭心的意义！

怀旧并借题发挥至此，我还要道出一句深藏心底几十年，对已仙逝二十余年、默默一生的之福表叔的话：亲爱的表叔！我永远都不会忘记您，对我的那份最温暖而伟大的信任与疼爱！深深地感谢您！借此机会，我一定会与小女儿交心，并和家人一起默契一致：那就是我们一直、永远，必须敬畏的是自然与规律、公德与规则，应该去感恩的是一生被给予的所有爱与温暖，一定要付出的是真诚与责任、善良与本分！

愿小女儿的镜头下永远都是：纯真、温暖、大爱、精彩和正能量！（小女儿"美西疫期"手机摄影作品展二）

抓住瞬间　留住美好

时间是宝贵的，对意义而言，它无私地帮我们记录着一切；我们也把所有的喜怒哀乐倾注于它，每一天不管发生了什么，好的不好的，都会被刻在特定的时间柱上，带着色彩、温度和深浅不一的痕迹。

时间是有限的，对生命而言，它不受世间任何力量的左右按节律跳动着；我们对待它的态度就是它回馈我们的理由，每一秒里都会发生事情，积极的消极的，都会对下一秒产生不同的影响，留下满足、遗憾或无法预知的一切。

时间是公平的，对天下而言，它绝不会给任何一个人多一秒或少一秒；我们无论是善良还是丑恶、勤奋还是懒惰、聪慧还是愚钝，每一段时光里都会产生某种结果，有价值的、无意义的，都会造就出"不公平"的格（结）局，产生差别、贫富以及身份的高低不同。

时间又是毫不留情的，对每个自我而言，它一定遵循因果与不可逆的原则"待人处世"，照亮每一个自我的真相，绝不给任何人的生命"留有余地"，更不会让任何人有重新来过或生命回车的机会，唯一能给的就是"种瓜得瓜种豆得豆"的人生密码。

因此，我们可以，也最好用任何方式，比如通过镜头、笔等，将时间的光影留住或凝固成回忆和怀旧的巧克力，才有机会慢慢地去品味人生的甜蜜、苦涩与芳香，还可以和身边的亲朋好友，或今后可能认识与不认识的人，去分享生命的多样和人生的波澜壮阔或平静如水。

然而，现在最想表达和分享的是，所有记录和回忆中的主角：人，更准确地说应该是：好人！如果换个角度说，其实人的一生就是，主动地、努力地去遇见一位位好人，同时也使自己成为别人心目中的好人；更准确地说，应该是努力地把自己造就成一个真正的有道德、有品质、有情趣和受欢迎的好人。

在我们的家庭里，常常都会蹦出一个不约而同的话题，那就是你一言谁是好人一个，我一语谁谁谁真好！日子里总是在念着别人的好，"不厌其烦"地去感恩我们生命中遇见的那些念念不忘、常思常想，甚是刻骨铭心的爷爷奶奶、姥姥姥爷、大大大妈、叔叔阿姨、哥哥姐姐、弟弟妹妹，以及数不胜数的好人，这样的习惯早已经成了我们的家庭传统和家风，并且正一代一代地传承着、发扬着……

随着孩子们的成长和社会交往的扩大，经常会在家庭的谈天说地中，交流和碰撞出一个不是问题的问题：什么才是好人的标准？孩子通常会简单直接地说：不自私，总想着别人的人！我便会"倚老卖老"地以为：正直、善良、真诚、舍得、富有爱心、有着强烈责任心和社会责任感的人。你一言我一语地描绘着各自心中的一位位好人，虽然一直没有得出什么统一的标准答案，但是每一个人心中的尺度与愿望却都是一致的。

但是，我更希望以季羡林先生的人生总结，来提升和鞭策我的每一位家人，并和生命中的所有好人一同分享："我认为，能为国家、为人民、为他人着想而遏制自己的本性的，就是有道德的人；能够百分之六十为他人着想，百分之四十为自己着想，他就是一个及格的好人。"

小女儿的系列展示就此收官了，那一份份来自四面八方、天南地北的赞许与鼓励，温暖和激励着仍然在异国他乡坚持"抗疫"的家人，一种特别和走心的慰藉滋润着我们耐受已久的心田。

因此，她更加的自在、阳光和自信了，我们也变得越来越踏实、宁静和更有信心了！（小女儿"美西疫期"手机摄影作品展三）

文化自信应从认知和尊重开始

带着期盼与神秘，第一次走近"三星堆"。

或许是近些年来经常走访国内外大大小小的博物馆的经历，似乎已慢慢地养成了主动亲近文物与历史的习惯……感慨万分，且受益匪浅，无论自己还是孩子们。

从一开始对博物馆和文物的淡漠、无趣，应该说是无知，到渐渐地感知、体验和感受，再到不知不觉地产生兴趣和慢慢地喜欢，生活方式因此也在一种静静的微妙中发生了变化。

"三星堆"，一个响当当的名字和历史文化符号，之前一直都停留在自己的"基本常识"之中，而无任何其他的认识。这次辉煌灿烂的新发现真可谓是"沉睡数千年，一醒惊天下"！

带着一种强烈的期望，终于走近了她，走近了"古蜀文明"的天地之中、长江上游最早的古代文明。

这次走进"三星堆博物馆"，特别是有幸进入到"最新发掘地"看到一件件文物、一段段历史、一层层文化的触动与感受，除了欣喜与震撼之外，更多的是带给自己的万千思考与百般感悟。

一、随着考古发掘的不断推进，越来越多的历史文物不断地呈现在世人的面前，但同时又让人越来越觉得对历史与文化的认知依然是那么的肤浅和有限。比如，从"三星堆"的考古发掘来看，目前也仅仅是初步"看到"和"知晓"其祭祀活动的"奢华"表现，但是在特定的文化面貌研究方面，如"三星堆"古城址的真实布局、文明要素的具体构成、演变轨迹，以及玉石器、金器、青铜器、陶器等出土器物，所反映遗址当时的历史渊源及发展脉络等，考古工作的基础和学术性研究方面还有很长的一段路要走。由此又激发着考古工作者和国人对久远历史与文明的进一步，甚至是急迫的探究与认知，并欲从中去"体味"那一段段历史中所蕴意的社会生活与无限精彩。

二、文化自信。首先应该从对文化的自觉、认知和尊重开始！国民整体文化素质的提升是对民族优秀传统文化更好与有效传承和发展的根本保障。今年是中国考古学诞生100周年。一方面，大量的历史文物，特别是这次三星堆"祭祀坑"珍贵文物的重大发现，使得国人开始对考古发掘和历史文物产生了越来越大，甚至是从未有过的兴趣，尤其是大量鲜为人知的文物背后所蕴涵的古文明，以及文化内涵也引发了国人对民族文化与历史文明的进一步和重新思考。因此，如何从中汲取精髓与营养，并且能够支撑起民族的文化脊梁，就成了摆在我们面前的一个选择和问题。但是，另一方面，随着社会经济的快速发展，多元文化，特别是西方文化的猛烈冲击和影响，越来越多的国人开始渐渐地失去了内心的文化平衡，尤其是一代年轻人对超时尚、快餐和网络文化的追崇和盲目依赖导向，也越来越影响和冲击着他们人生观与价值观的正确定位。比如将西方诸多的"洋节"取代了自身民族的"传统节日"，在一种看似顺其自然的"合情合理"中渐渐地动摇和改变着我们的文化基因。如此演变下去，我们的民族文化内涵何在？我们的民族文化自信何来？

三、文化的保护、传承和发展必须来源于合理、正确和好的教育！考古发掘、文化传承、科学发展和社会进步的最终目的，就是要积极和更好地促进我们民族不断地、越来越走向真正的文明、健康的发展和长足的进步！而这一切目标的实现只能且必须依赖我们的教育！

教育，从某种角度上说就是文化的教育，而它的最高境界就是伴随着对文化的认知、理解、把握、享有和尊重的生命教育；同时，文化基因与内涵、素养与品质就是一个人之所以成为一个正常人、健全人的基本底色。离开了文化这个根的人文、人格以及人生等一切教育都将是空中楼阁，不堪一击。

鲁迅先生早就这样说道："失掉了现在，也就没有了未来。"也就是说，我们的"现在"教育如果是失去了以文化内涵为基础、总是唯分数和成绩论的功利式教育，那么，我们也就没有了可能的、希望的和美好的"未来"，也就失去了一切！

如今，越来越多的孩子在机械、灌输式、功利和非人性化教育思潮的影响和压力下，渐渐地远离并丧失了以自觉、自信、正直、正常、善良、担当、勤奋、进取、勇敢、坚毅、智慧、创新等为核心文化内涵的教育机会，从而消沉、厌学，空虚、浮躁，抑郁、轻生……

一次学习、一次思考，一份收获、一生受益！

美国游学记

践行，是教育过程中最好的方法和手段之一。近六年的寒暑假都会带孩子们前往美国游学，感受中西方不同的教育和文化。每次的月行万里，当走近和踏上纽约的桥时，或许女儿才真切地领会到学校"桥"项目活动的大气、有力及价值和意义！桥，它所连接的不仅是交通与方便，它更是连接不同肤色与种族之间、理解与信任之间思想和心灵的"大桥"！想桥、走桥、思桥、识桥、说桥、架桥……愿从孩子们开始，不断架起世间人与人的自然、亲近、友好和快乐之桥，让天下平安、人间幸福！

站在酒店房间的窗前，面对这个灯红酒绿、纸醉金迷、热闹非凡的赌城准备告别，反而内心瞬归平静。其实，人在物质与欲望的面前，往往是弱小与脆弱的，物质浩大，怎能应有尽有！欲望无边，何能放纵无忌！当拥有与承受超过极限时，物质与欲望已经离开了各自的本身，走向了反面。

人生，不应只在乎个人属性（自私、自利）而忽略了社会属性（公益、责任），当物欲走向或达到或超越极限时，人便非人或已"脱胎换骨"，成为仅仅是划过时空而无实际生命意义的一粒尘埃。人生娱乐，必不可少；但娱乐人生，必将恶报。因此，人生应有精神，从善而高贵，从众而精彩……感谢世事、感恩阅历，帮助和真爱孩子在大气而正确的世界观和普世价值观引导下，快乐、健康成长，一天天走向阳光与希望……

【舞蹈也疯狂】来美国、在洛杉矶，看中国人、听中国故事，稀奇又平常。

说稀奇，是因为这种事竟然发生在国外；说平常，是因为它普通而单一。到美两日便受邀参加该活动，感谢之余更多的是感慨，毕竟在异国他乡面对的是中国人，想的依然是中国事。

一个身体条件相对比较弱且被专业"咔嚓"掉的、实在不起眼的"小号"男生却通过父母爱的支撑、自己对心中梦想的狂追与执着以及对"机会总是留给有准备的人"的完美践行，终于梦想成真，鹤立鸡群，成为中国舞蹈界的一匹货真价实的"黑马"；骄傲了自己，光荣了国家，真是可喜可贺、可敬可爱！

然而，就在这匹"黑马"创造了一个个奇迹和驰骋于祖国与世界各地时，是否有人已在"居安思危""高瞻远瞩"？而我却以为一经被商业化、市场化和功利化的艺术与名流是否还能"一如既往"地保持光鲜与生命力？这似乎已不是某一个人和某一个现象的问题，而久已成为一种特有的"中国艺术文化"，并深深地影响着我们文化的中国！

在繁多现实诱惑的快速吸引与强力推动下，各路名家如何"守身立本"、各派艺术如何"光明正大"、各式文化如何"前程似锦"倒是必须严肃思考、认真对待和着力践行的"本命"问题和举国之举，否则我们将有负于自己曾经创造的一个个优秀和一次次辉煌！

文化绝不仅仅是一种现象，它更是一种真真切切的内在的积蓄与力量！

愿中国灿烂辉煌的舞蹈艺术背后有着一份真实朴素的坚守与品质！

【文化差异下的哲学思考】如今出国、到国外，已不像过去那样的激动与兴奋，崇洋又媚外，物质差距大大缩小，甚至还有反超，因此更多的是感受精神层面以及文化差异下的差别与不同。

每次带着孩子们在异国他乡参观博物馆（包括教堂）"附庸风雅"式的行动，似乎已成为一种习惯或出国旅行生活的方式之一，几年来感触颇深，胡思乱想不停。在丰富又杂乱的旅行视野中，或许还是有规律可循的。

"美国人看名画，中国人买名牌"，昨日参观博物馆时老友的一句感言可谓"一语醒人"。难道强大的物欲观就可以强盛一个人或一个民族？事实似乎恰恰相反。

事实上文明与进步不会凭空而降，从个体角度说，个人需要的是自觉、自律与不断的完善；从全面深层的角度说，社会整体需要的是国家体制、制度与文化的合理、科学与先进的引导和坚持。

当旅行已经成为一种习惯和生活方式时，它已不再是简单的游玩与重复，而是视野开阔和文化大同下的自我丰富、完善和品质保证。

在信息畅通和文化大同的今天，其实没有所谓的输赢与好坏，倒是在差异或相似中可见一斑。所以，比较的目的在于寻求价值。文化，往往以两种方式存在，一则深藏历史中之底蕴，二则展现现实中之表现。低看，不过一处处景观；细看，亦是一道道风景；深看，就是一段段历史；高看，才是一层层厚重。看山，看水，看文化；见仁，见智，见精神；睹人，睹物，睹世界；求真，求实，求真情。但是不管怎样，不论国度与民族，无论文化与历史，要么在基因的强弱中而兴衰，要么在历史的起伏中而进退，都将在各自的文明与精彩中找到历史和文化的温度与痕迹。

让生命之旅多样，让人生之路多彩，让文化之魂多姿多元，多情多义……

【走进洛杉矶 Down Town】小女儿此时此刻究竟是在哪儿？在日本？其实，是在洛杉矶 Down Town 的"小东京"。

干净、整洁、精致、有序，这就是人们对日本的基本认识与印象，哪怕是在异国他乡的"日本"也依然如此。

过去脱口而出的左一个、右一个"小日本"称谓，或许就是因为面积小而得名？今天在世界超级大国的映衬下与其"相遇"，依然还是被它那实实在在的"实力"所折服。

把每一个细节都无比认真地做到极致与优秀的民族无疑是"强大"的。

当女儿在欣赏和挑选日本商店里的小物件和用品时所做出的表情与反应也表明了她对品质的偏爱与追求。

学习，应该永远无国界、无障碍、无顾忌、无止境！

【美国"欧秀"】女儿二次来美，主题就是体验"美国生活"。

只是相隔一年，若不是用心和记录留下清晰的记忆，一年的光阴也不过是弹指一挥间。然而，也就是这匆匆的一年，小女儿却发生了较大的变化，已经有了小大人的样儿。

首先是身高，她与大部分同学一样，这一年中好像是猛蹿了一头，似乎是要与即将来到的四年级相匹配。

其次是心智，伴随着个头的增长，人变得成熟、懂事儿多了，当然"小鬼当家"般的"心眼"与"鬼主意"也同步更多了，

别把孩子带『歪』了

-86-

或许这个年龄段的孩子都是这样的。因此，若要想"征服"他们就得"斗智斗勇"了！

当然，这一年孩子们不仅是身高、模样和动作等外在的变化，更有着内心、情感和尚未被知晓的内在的变化。因此，从此开始她（他）就更加需要：被理解、被倾听、被尊重、被支持和被关爱！

这不，女儿这次来美还真是"长本事"了：一、已能职业和全方位地照顾吴太太阿姨家宝贝儿狗狗 BoBo（步步），且彼此感情迅速升温，令吴先生夫妇感慨不已。二、每餐之后都要主动地去洗切水果，并制作果盘给大家享用。三、自个儿独自前往离家不远的超市（非华人）去采购水果，仿佛一个美国小公民样儿，活泼又自信。所以，放手才能放心！

为此，今天"小大人"在美国摄影师（女）专业与幽默的镜头下，被打造成一位"欧式"的中国小美女！

成长有代价，但更有收获……

【加州西岸自驾】这次美国行，小女儿出现了新状况：开始议论和评价文明（行为或现象）所带来了心理感受，并有了较强的思想倾向，即文明的诸多好处。

一次旅行是有限的，但它带给孩子的想象与影响却是无限的。

如果有限的旅行能够创造出孩子无限的追求、探索、发明、创造与美好，那么旅行岂不是一举多得、大赚特赚了吗？

从她今天一开始到最后的英语解说的无奈与疲惫，到之后拿起手中的相机开始抓拍与创作，足以说明了旅行的坚持与内在价值逐步实现的魅力与意义。

壮美如画的 Hearst Castle（赫氏古堡）留给孩子的绝不仅仅是眼前的这一切宏伟、壮观与美丽，或许种下的却是孩子内心与思想深处的一点一点温暖和希望的火苗！

心灵与智慧的投资是不能急求回报的，若想获得真正的回报，那么最好，甚至唯一的选择就是静静地、美美地"等待"！

【加州西岸自驾·停不下的美丽】Seeing is believing（眼见为实）！中国人在美国以实际行动证明了这句洋译的真实与力量！

实话实说，此行完全是因为壮丽与神奇而探险：冒着异国、陌生、长途、崎岖、自驾、身体与语言的"风险"，来了一回他乡千里走单骑！

当这处处美景呈现于眼前时，什么艰辛与风险早已抛之脑后、荡然无存。所以，行动与付出才践行了只有追求与探索才有发现，也只有发现才有收获与价值！

一路走，一路停，一路看；一路停，一路走，一路恋……你只有亲身踏上美国1号公路，才能真切地感受到它之所以享誉世界的魅力和诱惑。内陆的一边是一片片绿色草坪和郁郁葱葱树林映衬下的形形色色、风格各异的民居与建筑；海岸的一边是宽阔无边的太平洋和波涛汹涌的壮丽。只要经过，无不心动和震撼！

【加州西岸自驾·静美的西岸小城 Monterey】从 San Simeon 驱车于加州西岸的崎岖盘旋山路，景美的同时尽是紧张与技巧的挑战！当然，以蜗牛般行走的方式除外。

到达 Monterey（蒙特利）时天已近黑，虽有些遗憾，但这座旅游名城市中心静美的夜景和 HOTEL PACIFIC（太平洋酒店）客房创意迷人的设计与装扮足以弥补任何的不足，孩子所感受到的一切想必也远超大家的想象或猜测。

渐渐地，孩子对所谓的奢华似乎已"司空见惯"，关注点与审美情趣也随着年龄的增长和旅行的累积而得以明显地提升，这无疑使单纯的旅行倍加增值。看似一次单纯旅行，带给她们的却是因体验和感受所带来的一种潜移默化的充实与丰富。

所以旅行，累并快乐着……

【加州西岸自驾·进步，永远 On the way】自从"自驾"的概念与行为出现在人们的旅行与生活中，它已不是一件新鲜事了。但是这次自驾对我们来说虽不是唯一，却很特别。

我的本意，一是不想让这次美国之旅墨守成规和按部就班，让女儿们过早审美疲劳；二是想以我这样的年龄与身体还有坚持与勇气的精神带动或影响女儿的进步成长；三是想通过这"疯狂一举"来检测一下尚存于身的那一点点坚韧与勇气和灵性与愚智是否还在保质期；四是想亲眼所见和亲自体验一下"美国西海岸和1号公路"的盛名与魅力、神奇与力量；五是想让这"大胆一举"在人生的加油站中发挥奇特的功效，促进父母与孩子的相互影响和共同成长。

一辆车，两箱油，三个人，四方援；一路奔驰，一路停留，一路风景，一路坚持；一次自驾，多种体验，无数感受，极致收获。

异国他乡，相隔万里，风土人情，历史文化；你中有我，我中有你，小至习惯，大到文明；国之大小，制度不同，民族强弱，求同存异。

四十余小时，七百多英里，一千余公里，在观望中思索，在速度中凝神，在差异中比对，在理性中探索。平安自驾，终归于心！人生在续，加油前行！

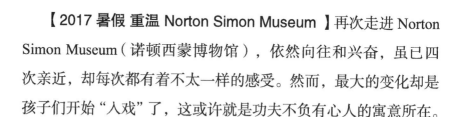

【2017 暑假 重温 Norton Simon Museum 】再次走进 Norton Simon Museum（诺顿西蒙博物馆），依然向往和兴奋，虽已四次亲近，却每次都有着不太一样的感受。然而，最大的变化却是孩子们开始"入戏"了，这或许就是功夫不负有心人的寓意所在。

面向纯真的艺术已经渐入佳境，似乎已开始了初步的对话与交流。从此，让欣赏走向审美，从被动迈向主动，渐渐地生活成了一种学习，学习成了一种新的生活。其实，审美未必全懂，更大的意义却在于自觉、亲近和修养。当从艺术中走来，已懂得艺术的生活，已明白生活的艺术，生命便充满了活力，人生也变得更加的饱满和精彩！

"你必须记得一件很重要的事，那就是我们每一个人的里面，其实都有着魔法的力量。"（J.K·罗琳，《哈利波特》）

【分享之另类说】分享，在词典中是指与他人分着享受、使用、行使，独享与其相对。

记得在小女儿上幼儿园时，老师教授给孩子们最多的就是要学会与小朋友"分享"。分享食物、分享玩具、分享一切。生活中，家长也常常告诉孩子要和小朋友分享你的所有。上小学后，老师依然还是提倡要懂得与同学分享，只是这个时候的"分享"

除了物质性外，增加了精神性的内容，使得"分享"变得更加的丰富和饱满。因此，在这个物质极大丰富的时代，"分享"之所以成为教育中的一大内容与关键词。除了"分享"在成长与生活中的积极意义外，就是现在的孩子们在"无忧无虑"的环境和条件下顺其自然地麻木或绝缘了"分享"，以至于或多或少地"患上"了与人相处"困难症"。当然，现实中也不乏懂得并善于"分享"而智慧和快乐的孩子。

在现实生活中，作为教育与被教育者，不知从何时开始，潜意识中"分享"的概念、价值与意义被注入了特别的含义，并且在人生实践中不断和反复地得以印证。所以，也开始了我对"分享"价值与意义"传教式"的播撒。

我认为，或许一开始对于"分享"的解释就被理想化和片面化了，因此，如果从现实属性与教育意义上讲应当还有另外一个层次的内容，即"分享"还包含着"分担"的涵义和意义。也就是说，超越"分享"物质的层面，"分享"在精神的另一个维度上还有着"分担"的功能与作用，否则其只有词典中"与他人分着享受、使用、行使"的直接和一般意义解释了。例如日前两家人在美的聚会就对我的"分享另类说"做出了鲜活的诠释，作为大哥的我奉献的一碗特别的"中式打卤面"，竟在异国他乡吃出了两家人无尽的享受与欢乐，与此同时我还为友弟一家操着另外一份心，即对其十五岁儿子成长某节点上的无限困惑"指点迷津"，令友弟夫妇顿时喜出望外，忧愁烟消云散。反之，友弟在给予我们家乡特色小吃并分享美味与愉悦时，弟妹又默默地将幸福欢聚后的"残局"收拾得干干净净、利利索索，而这美好的一切均是在从分享到分担，又从分担到分享的交替与融合中践行着、实现着，此时的"分担"就这样"圆满"了"分享"，使自己与他人彼此间的所有，在"分享"的同时"分担"出完整与真正的快乐和价值。

所以，真切地希望，今天的教育真正地回归自然与本真，能够更好地引导和帮助孩子们建立起正确和完整的价值观，在人与人的相处中找到和拥有真正的自我与可贵的他人，在分享与分担的快乐和担当中健康快乐地成长！

【文明素养】来到这里，无须理由，五湖四海素不相识的人群，却在这无比愉悦与和谐的海洋里，创造着人类本该的自然、文明、浪漫和幸福，然而这一切一切的美好与神奇，只有根植于从小的自觉和一贯的素养。

游走中西之间，在尽享各方之优良与美好后，感触最深、思考最多、冲击最大的，还是素质与修养、契约与秩序、文明与进步。无论是行走在大街上的秩序与被尊重，还是走到十字路口的自觉与默契，无不从点点滴滴和细微之处，感受到一种契约与法制文明下的祥和与安宁，这一点我们需要深思和学习。

年逾半百，越来越崇尚简单，既非崇洋媚外，亦不自暴自弃，唯一追从的就是真实、充实和踏实，尤其是欲努力做好孩子们的榜样，以身作则，谦虚谨慎，积极向上，做好自己，照顾亲人，关心朋友，尽责社会，活出一个正常鲜活、积极有益、精彩品质的一生。让生命富有，让人生高尚 。

【从小会干活，长大有出息】记得小时候大人们常提到的话题之一，就是我是哪年哪年参加工作的，也就是从替公家干活那天开始算起，其实目的之一是为了显示自己的"资历"：其二是为了认真"算计"自己的劳酬和待遇，换句话说就是让自己和公家记住自己所做出的贡献。若是如此"效仿"一回，小女儿今后论起"资历"就绝对是不折不扣的"老干部"了，因为她参加"革命"的时间得从"孩提"时期算起，即从七八岁开始就跟随老爸"参加工作"了，如从帮着老爸剥蒜、择菜、扫地开始，进而学着包饺子、炒蛋饭、煮面条、洗碗筷，再到今天的创新和创作性发展，这一切可谓是点点滴滴、循序渐进地成就了她健康、充实和快乐的童年。仅此这一点，"学干活、会干活、能干活、干好活和喜干活"功不可没。

时代进步、社会发展，生活优越了，人们越来越在意给予自己孩子更好的条件，无论是吃、穿、用、玩，还是学、比、争、强，无不充分地体现出家长和大人们的良苦用心与奉献牺牲，无疑孩子们享有到了极大的"优厚待遇"和"无限关爱"，所以仅此一点，这一代孩子们赶上了最多、最好、最快乐和最幸福的时光和机遇。然而，或许又恰恰是因为这一点，大多数人却在得意和满足之余，轻视、忽略，甚至是放弃了其他。其实那些正是比物质更加重要和关键的东西，即孩子们的基本生存与生活能力，以及起码的生活常识，也就是通常所说的"素质教育"，而这一点必将影响孩子们一生正常、健康和快乐的成长，即成功与幸福指数的高低和质量。

有伴的旅行和假期总是快乐的，然而这次欢聚暑假让开心和幸福指数爆棚的事情，既不是圣地亚哥军港的神秘与美丽，亦不是好莱坞音乐会的温馨和浪漫，更不是迪士尼乐园的刺激与疯狂，竟是"李大厨"小女儿的两道惊喜又震撼的"厨艺"，即"奇味凉拌西红柿"和"浓情茄子美味打卤面",无不让一起的亲朋好友感慨万分,赞叹不已。一方面"严重的"挑战了身边已被公认的大厨,冬瓜叔和老爸李,更加值得一提和骄傲的是,"李大厨"的以上两道"名作"被异口同声地指定为,为冬瓜叔、小软姨和齐齐姐回国钱行的大礼。一时间,厨房里只有一个主角,一个众目睽睽之下很显"老练"的"童工",无论是从选材到备料,还是从配菜到制作,再从调味到呈现,"李大厨"的每一道程序、每一个步骤,一招一式、一举一动,都被叔叔阿姨和姐姐尽收眼底,大加赞叹!"你们看看,她才是一个12岁的孩子呀!"喜出望外之时不得不大呼一声,真是:一人之举,欢乐天下!

事情虽小,可见一斑,孩子成长遵从规律,望子成龙有法可依,成功大小重在科学,幸福与否取决因果。所以,从小有本领,长大才出息。

【做有益的学习(Do good learning)】 Learning is something you need to do all your life. There is only a beginning and no end。学习是一生都需要做的事情。只有开始,没有结束。

Learning motivation is the basis and premise of good learning. Learning for learning's sake is dull and useless。学习的动力是做好学习的基础和前提。为了学习而学习是枯燥和无用的。

The best learning is first and foremost to make learning itself fun and interesting，and to move forward with growth。最好的学习首先是让学习本身快乐和有趣,并且能和成长一起前行。

The second is to learn how to cherish life and how to be a good person，and make life meaningful and valuable。其次就是学习懂得

珍惜生命和如何好好做人，并且让生命和人生有意义和有价值。

All divorced from reality and full of utilitarian learning and behavior are useless and undesirable！ 一切脱离实际和充满功利的学习和行为都是无益和不可取的!

Only true and sincere learning is happiness and joy！ 只有真实和真诚的学习才是幸福和快乐的!

【学习是件快乐的事（ Actually，Learning is a happy thing ）】
半百人生最大的感受与体会竟然是：学习，是一件很快乐的事！似乎世上没有什么比学习更能让一个人静心、平和而心神一致，并且从中能渐渐地"看到"生命的真实面貌，越来越明白自然与真实对于不知不觉被世俗的自己，是多么的重要和有意义。同时也越来越意识到对生命的无知与人生的无奈又是何等的可怕与悲哀！

然而，如果学习成了一种被动或强迫，它就会变得苦涩、难过，甚至是痛苦，取而代之的就是与真实学习无关的其他事情或行为，随之人生也就在不知不觉的自以为是中悄悄地耗去，甚至很可能还会十分得意地认为自己度过了一段足够"嘚瑟"的人生而沾沾自喜。因此，世间便有了一个基本的逻辑与答案：虽然可以有一样的生命，却可以有完全不一样的人生，而这其间最根本的差别或许就在于作为生命与人生基础的元素与法则：因学习而生的知识、经验和文化！难怪被国人尊称为国学大师的季羡林先生发出了这样的人生感慨："根据我个人的观察，对世界上绝大多数人来说，人生一无意义，二无价值。"

纵观人类历史的发展和变化，无不都是在学习的推动与支撑下得以提升和突破的，犹如培根和雪莱所说："活着就要学习，学习不是为了活着。""我们愈是学习，愈觉得自己的贫乏。"又如法国昆虫学家和文学家法布尔恳切地说："学习这件事不在乎有没有人教你，最重要的是在于你自己有没有觉悟和恒心。"毛主席更是明确道："学习的敌人是自己的满足，要认真学习一点东西，必须从不自满开始。""读书，人才更加像人。"作家严文井先生一语道出了读书与学习的真谛。

在养育女儿们的过程中，其中最大的收获之一就是因她们的成长而"被学习"，并且学得那么的自觉、主动和心甘情愿。她们一天天、一年年渐渐长大的过程，其实就是我们综合学习能力快速提升的机会。所以，俄罗斯教育心理学家乌申斯基更是直言不讳道："学习是劳动，是充满思想的劳动。"这样的"劳动"又实实在在地将学习、责任与使命，升华为一种超越了一般意义的真真切切的快乐，而且这种"快乐"的意义又远远地大过学习本身，更大程度地去实现一个人的自身修养、心灵净化和人格完善。

几天来，一直在快乐着小女儿英语学习的快乐，仅仅是不到两周的情趣式体验学习，又一次突破了我们对学习本身和快乐教育的认识与把握。似乎瞬间勾画出一幅家长学习快乐，孩子快乐学习的美好画卷。由此感慨并受到启发，如何让学习从被动变为主动，从强迫走向自觉，从压抑成为快乐，让学习成为一种快乐的习惯，让学习成为一种一生的信仰。

【因小失大后的以小见大】2020年的第一个长假，充满了新鲜、特别和新意，带着欣喜、遐想和希望，与往常一样飞往大洋彼岸，放松半年来的疲惫和紧张……

突然间的"一声霹雳"，仿佛一瞬间把人又带回到那个病情突如其来的2003，让刚要松弛的神经马上又开始紧绷起来，甚至都来不及去捋清头绪，就让人陷入生与死的极端境地之中。瞬间，呼吸开始变得急促不安起来，本是一家人轻松而惬意的寒假，就在这转瞬间变成了全国、全世界共同不安的日子。与此同时，一颗NBA世界巨星，却在与爱女的幸福和欢悦中毫无预见和征兆地陨落了，竟然就发生在已是不快的我们身边，是真是假、是梦是幻……一切都显得如此的轻浮、随便和不真实，让人无法面对这无厘头的活现实，完全是毁灭世界的力度与残忍，任何痛彻心扉般的词语在这一瞬间、一段时间里都显得理屈词穷、苍白无力。

事皆因果，痛定思痛，威胁一方、毁灭生命、危及世界之"暴力"，却源自人为无限贪欲之恶习，典型的"因小我而失大众"，世间还有什么比生命更昂贵的代价。中国古话尽道"吃一堑长一智"，2003年的一场亦是突如其来的SARS，同样以失去一个个生命的惨痛代价，猛烈地击醒了每一个国人，至今想起依然是令人生畏、不忍再提，然而时隔17年后历史又悄然重演，再次考验全世界。

以小见大，见微知著。如果我们的教育在起始时，就能打牢素质教育和生命教育的基础，让孩子们从小就具备规则和规范意识并养成习惯，就能让他们自如地去应对未来人生可能的一切挑战。

事有必至、理有固然。如果任何人及其行为在放眼世界的同时，都能够立足于小、严行于规、遵循于道，即守住根本、把握实质、照章行事，或许，恐怕就能够规避意外、逃脱灾难，还本真和应有于天下。

生命的定义就是拥有明天！我们已经不能改变昨天，但是我们却可以努力地决定明天，就如冯骥才先生所说："社会的底线是脆弱的，人的底线依旧可以坚强，牢固不破。"愿我们从中能有所启发，愿人间少一些，或没有人为的惨痛与灾难！

眼见不一定为实

人们通常说，"眼见为实"（Seeing is believing）。然而如果换个角度说，"眼见不一定为实"（Seeing is not the truth）。其实，这样在"眼见"下的"实"与"不实"，每天都在现实和人的认知中发生着，并且产生着这样那样或好与不好的影响。但是，关键就在于人们观察与认知的角度和条件，所以，人们需要用辩证的思维去看待现实的世界，即真实的一般性和特殊性事务，或通俗所说，换个角度看世界。

记得小时候的生活和学习状态是这样的，常常是简单而有趣，真实而有力，除了老师们"直给式"的教授外，更多的是留给同学们"自由式"的遐想，又往往是天马行空、无拘无束，很少在"统一答案"下纠结或被诋毁和笑话，所以童年的生活就有了五彩缤纷的色彩和天真无邪的快乐。其实，人的认知与认知能力有一个过程，不可强求，即是人对事物的一个认识过程的必然产物，也就是说认识过程是人的主观客观化的过程，它是一个由浅入深、由表及里以及由感性到理性的过程，所以不能在认知的认识之初附加太多的主观要求或条件，这一认识和道理对于成长中各年龄段的孩子来说更是尤其重要。否则极大可能地会干扰或影响到孩子认知变化与发展的走向和规律，以至于使孩子今后在科学认知方面形成偏见，甚至产生错位，最终导致孩子自然成长和健康发展的"先天不足"和"后天缺陷"。

"眼见为实"，引导孩子从小建立和培养正确认知事物的态度与意识，教给孩子真实探究事物本质的信心和方法，并且在认知过程中能够并有机会充分发挥自己的想象和独到见解，使成长，尤其是童年富有色彩和意义。

"眼见不一定为实"，为的是让孩子从小在从认识到认知的过程中敢于并善于说"不"，并且能够大胆地从"眼见"中发现并指出"不实"所在，从而建立起正确的思维逻辑和勇于面对失误或失败的精神，使生命鲜活而有力，使人生风雨更多彩。

昨夜无人离弃

一首歌剧《图兰朵》里最著名的咏叹调《今夜无人入睡》唱响了世界。昨夜无人离弃，只为教育之烦恼。原本一小时四十分钟的讲座与交流，却进行了四个半小时，若不是因为场地时间的限制，或许还将持续，极具品质的欧文沙龙会员们的"不离不弃"，为的是解开家中宝贝儿成长与教育的谜团、收获家庭教育的秘籍、开创幸福快乐的家庭生活……

昨夜的"火热"再次表明了：一、"英雄不论出处"，教育的烦恼不分"高低贵贱"，普遍存在于全民之中。二、中国的教育状况不禁令人担忧，众人面对社会现实中的教育乱象乃至人格分裂不知何去何从。三、看似孩子成长与教育中的个体问题，其实早已成为了中国普遍的、严重的社会问题，并关乎着全民素质的走向和民族未来的命运！四、家庭教育的困惑、问题乃至灾难一天天催生着国家对于中国教育的"彻底觉醒"，以及对民族的未来——一个个天真可爱孩子们的真切关爱！当然，孩子们的健康成长远远不止这些，甚至已不在教育本身，而是要尽力把孩子们潜在的想象力与创造力最大限度地诱导出来，同时唤醒孩子们对生命的理解与尊重、对成长意义与价值的兴趣与感动。正如马克思所言："教育绝非单纯的文化传递，教育之为教育，正是在于它是一种'人格心灵'的唤醒。"

孩子输得起吗

现实中，有些人把人生看作是一场赌博，只想赢，不想输。

当今的教育，放眼看去，大多数孩子都在"至爱"和"至尊"的包裹下"奋力"前行着，目的"纯粹"而"至高无上"：赢在人生的每一道"起跑线"上，去赢取日后"高大上"的人生（生活）与荣耀。

试问，现在还有多少孩子能够得到一个相对属于自己的空间和机会，去独立自主和自由自在地生活、学习和玩耍？

孩子们在不得不接受常规教育和"包办成长"之余，还有没有想象的空间、好奇的机会和愿意或敢于发问的可能？

伟大的教育如今已经演变为"围大的"教育。家长或大人的一切努力其实都是在不惜一切代价地创造着一种"奇迹"，即只赢而不输，且不仅是分数，还有面子。

回看我们每一个人的成长与经历，有哪一个人是一路"只赢"，并一直"绝对"的幸福着？

Facebook创始人扎克伯格在他曾经肄业的母校哈佛大学为毕业生们演讲时说了这样一段话，实在是发人深省且受益匪浅。

"Facebook并不是我做的第一件事，我还做过游戏、聊天系统、学习工具和音乐播放器。我并不孤独，因为J.K·罗琳在出版《哈利波特》之前被拒绝了12次，即使碧昂丝也不得不写了数百首歌曲，才有了今天《Halo》这首歌获得的光环。最大的成功来自我们享有失败的自由。"

我们再不要用自以为是的"美好愿望"去剥夺孩子们本该与生俱来的属于他们自己充满天真、好奇和想象的美丽梦想，还孩子们应有的时间、空间和未来无限可能的机会！

失败乃成功之母。无穷的事实一直在证明着这一不争而强大的真理。给予孩子们从小就有或可能"输"的机会，把面对失败当作一种能力去培养，让他们实实在在、真真切切地去体会"输过"之后"赢得"的珍惜与力量！犹如黑格尔所言："错误本身是'达到真理的一个必然环节'，'由于错误真理才会发现'。"

会爱才是真爱，不要把爱变成伤害。真心地希望孩子们可以找到属于自己的勇气和机会，使他们的生命成为一个祝福！

接受不同，面对差异，敢于发问，勇于探索，亲身经历自然，坦然面对现实，在体验中明理，在感受中成长，在帮助下进步，在自律下发展。

教育的目的，是使人作为人能够成为人，而不是成为某种人。人，只有在人伦即人与人的关系中，才得到充分的实现和发展。

大怒不怒，大喜不喜，可以养心

靡俗不交，恶党不入，可以立身

小利不争，小忿不发，可以和众

见善必行，闻过必改，可以畜德

爱别人就是一种个人保险或投资，它是会得到偿还的。可是绝大多数人都很近视，看不出这种长期投资的价值，也就是说，人的一生都将在自然境界、功利境界、道德境界和天地境界中践行，并完成"理性 — 激情 — 欲望"的现实思辨和心路历程。

真正的奢侈品是自己的生活品质

如今的厨房，其功能已不仅仅是烹饪那么单一和简单了，它也不单单是生理上的吃、喝与物质上的满足，它还被赋予了心理和精神的内涵，甚至还有审美和价值观的意义。当然了，这一切都需要您愿意，走进去、站得住、乐在其中……

没有厨房的家，是什么概念？不用厨房的生活，是什么样的生活？没有温度和气息的厨房，是什么样的境地？

生活的本质是参与和体验，它还是一个积极追求并努力获得品质的过程，它更是物质与精神、希望与心灵的碰撞与统一。就像家中厨房里的食材与调料、设备与厨具，不是你拥有或富有就可以获得美味与佳肴，垂涎的味道和味觉的记忆一定是在情趣与双手的巧妙融合间创造的。

在厨言厨，是厨非厨。无论是封闭的，还是开放的，它都寄托着情怀，承载着责任，更释放着对生命的珍惜、对人生品质的追求精神。在这里，心情就是火候，情趣就是味精，创造就是佐料，心灵就是佳肴。

天地间，食为天，家家户户，当厨火生生不息时，人人健康，家家快乐！

花开四季芬芳美丽

教育：启迪心智，唤醒灵魂。"教育是一棵树摇动另一棵树，一朵云推动另一朵云，一个灵魂唤醒另一个灵魂。"何谓教育的标准？教育该获得怎样的效果？角度不同，标准不一，自然答案或结论就不同。但是，孩子的真正受益和真实成效应该是科学和最终的标准。

适时并积极地调整教育方式，勇于创新并尝试新的教育模式，以主动适应孩子们的成长规律和心智发展的特点与趋势，这无疑是一种负责的选择，更是一种真爱的体现，这才是真实、正确而成就孩子和造福社会（民族）的教育！

教育，并非行使权威或权利；教育，应该是陪伴、引导、给予和影响；教育，并非强加或强迫；教育，应该是相互、共同、合作和创造。如果，换个角度看教育，教育也许就会变得温暖、阳光和美好，教育与"被教育"就会互换、相互作用和相互成就。从来就没有这样的道理：某一个人生来就可以去教育另外一个人，甚至是顺其自然或理所当然。

或许，换个角度看教育，教育就不是一件独立或孤立的事情。"被教育"与教育也只能在社会生活中得以实现，并且和周围环境或某种思想潮流或多或少发生着关系，同时在自觉和不自觉中践行着自我与彼此，使得客观与主观在一种辩证关系中趋向一致或统一。再者，换个角度看教育，教育已经不应该是一种工具或行为，教育也就开始回归自然与本源，使得教育与"被教育"尽量或尽早处于一种真正合理之中，实现教育与生命同行的本质与意义："在生命的自由舒展中完成心灵的光明善好"，亦"人不是生来就完成了自己，而是在整个生命中来完成自己的"。

综上，换个角度看教育，教育的偏差与误导才能得到矫正，教育的副作用与反作用才会消除，教育的失败与伤害才能停止，教育也才会正本清源，向上、向好、向前。所以，换个角度看教育，教育才能在真理与价值中实现进步和完善，才会有"育人先育己"的自律与自觉，作为成人或教育者回归现实之中，也才会有"你是什么样的人远比你为孩子或学生做什么更重要"这样的哲学思考与理性选择。

换个角度看教育，志于什么，就会成为什么。教育将不再枯燥、不再教条、不再功利、不再急躁、不再紧张，教育亦不再麻木、不再自私、不再荒唐、不再痛苦、不再失败，教育就会变得真实而自然、阳光而温暖、光明而灿烂，教育之花也必将花开四季、芬芳美丽、永远飘香。唯有感恩、珍惜和努力。

不一样的儿童节

"爸爸，今天可是'六一'儿童节哦！"小女兴奋而得意地突然对正在干活儿的老爸说，"你都十四岁了，'六一'跟你还有关系吗？""当然啦！十四岁就是最后一个儿童节呀！"人家理直气壮和充满自信地"撑"了回来。正想来一个"绝地反击"时，事态却已经升级了："等我们回去后您想好了送我什么礼物了吗？"看似宽松的"政策"背后却是人家"蓄谋已久"的不凡期待，在这异国他乡的非常时期、非常状态，自然也会有着非常的心理、非常的心情。"哦，原来是这样的……"瞬间，彼此心照不宣、会心一笑地结束了特别的对话。

其实，按照国际儿童节的年龄界定，指的是十四周岁以下的少年儿童方过儿童节，以上者就升级归属青年组织了，而小女就是因为突如其来的疫情，在这异国他乡迎来了她十四岁的生日，一个特殊的生日、一次特别的感受，也不知道这打破常规的生日经历会在她刚刚迈入青年的青涩情感中，留下怎样的特别记忆，所以难怪人家要坚决地捍卫这个极其特别而又不平凡的最后一个"六一"，我们也只不过是一个口头的允诺，或是带着微微一笑的一个点头，就可以让身边这位亦青年、亦儿童的她，我们心目中永远的孩子，高高兴兴地"过了"一个特别而寓意深刻的"儿童节"！

每当要面对"最后一个"或"最后一次"时，往往就是人生最困难、最纠结或最痛苦的选择，也是思前想后、患得患失和不知所措的时候，或许更想扭转乾坤、起死回生和挽回一切，甚至是一个彻底翻盘的关键时刻。所以，对每一个（次）"最后"，都要非常认真地对待、选择和处理，因为之后将没有下一个（次）和任何的机会。然而，对于小女的这个"最后一个（次）儿童节"，或许还蕴含着她还没有公布的很多信息，或是深藏她心中的许多不愿表达的小秘密，以及她想借此所寄予未来的无限遐想和美好期待。显然，她的这个"最后"无疑是超然与无形的，她一定是独自在心里默默地、秘密地、美美地度过的，这或许才是她这个"最后的'六一'"的真正意义和无形价值所在。

小女的生日（或有的儿童节）其实普通而平常，但是却还真有点儿阶段性的不同，或许是为了尽可能地配合年龄的增长，不想一味地雷同或重复罢了，其中或许同时迎合了孩子心智发展的规律，以及她自身的个性化不同；从而或多或少地规避掉了一些盲从、教条与功利，努力为她铺就一条自然、平和与正常成长之路，希望对她未来的健康成长有益。当然，这些或许也只是我们的一厢情愿而已。

小女很小的时候（1至3岁），基本都是约上亲朋好友若干，以最传统的方式一起为她庆生，哥哥姐姐们免不了亲亲又抱抱，叔叔阿姨们也不甘落后地摸摸又逗逗，这边情有独钟地东夸漂亮西夸可爱，那边自以为神地预测和决定着她的未来，欢声笑语、其乐融融，品尝完甜蜜蛋糕后却是意犹未尽的异口同声：期待明年再欢聚。

别把孩子带『歪』了

稍大一点儿（4至6岁）的时候，一是孩子学会了最朴素的模仿，二是开始有了自己的想法或个性表现，所以我们也将生日活动适当升级，带着孩子们去一些有趣和有特点的地方，去参加或组织一些安全、初级的爱心活动，培养亲近、照顾和保护小动物的意识和习惯，寓教于乐、共同成长。

小学低年级阶段（一至三年级），自从有了正式的集体生活后，便渐渐地开始以小大人自居了。一方面有了很多的愿望或要求，一方面体会并懂得了分享的快乐与价值。所以，邀请的朋友多了（甚至跨区域），热闹；活动的场地大了（大而特别），尽兴；活动的内容丰富了（尽可能地多），精彩。当然，收到的礼物也更加心满意足了。

突然变大了（四至六年级）的时候，心智发展的速度好似极速的高铁，嗖嗖嗖地让你"应接不暇"，甚至不知所措。我们的用心安排基本上已被称为了"小儿科"，其实她（们）早已开始了提前的秘密谋划与盘算，一心想要的已不仅仅是满足一般性的娱乐，和过去琳琅满目的生日礼物；更不是什么有特色、上档次的生日宴；而是开始体验与处理逐渐复杂的人际关系，以及其中她（们）所在意、依赖和难舍的真实情感，并逐步建立起属于她（们）的情感阵线，尤其是对老师们的重新认识与理解，也突然上升到了"自己人"（亲人般）的级别，特别是在毕业的最后时期，从未有过的浓浓情感，彻底地包裹了她（们）的最后时光，真可谓感人至深、刮目相看！

升级到了初中（初二）阶段，眼前似乎还非常亲近和熟悉的她（们），一下子像是换了一个人似的，嗓音、身高、模样、举止以及口气、做派，好像一夜间都不是原来的她（们）了，随着生理与心理的实质性变化与发展，她（们）已完成了人生的又一次飞跃，真正地长大了，并开始走向成熟、成年……

因此，我们也不得不知趣地退出了一路伴随她（们）成长的许多角色，以好比同龄人的感觉、看似局外人的姿态和真诚朋友的身份，和她（们）重新相识、重新相处、重新相惜、重新相撑、重新相敬、重新相爱、重新来过。

昨日（国内的"六一"），我的师姐发来微信："儿童节了，晓云老师会不会再感慨一下，发个微信长文呢！"看似客套的背后其实就是在布置作业，"辈分"有别，怎敢不从。正好联想起与小女短暂而特别的对话，深深地触动了我已经在无奈中有些麻木的神经，以及沉睡已久、依然炽热的内心世界，就当作是在这

三、生活随笔

-107-

异国他乡突如其来的"宵禁"中的一次浪漫舒展吧，平安回国后，一定要达成小女这"最后一个儿童节"的特别心愿，为她送上一份她深深期盼的，具有一生特殊意义和可以记录非常心情的，或是可以因此而激励她勇往直前、健康快乐成长的爱的礼物！

教师何谓快乐

今天一早开始，我就陆续收到了来自四面八方、源源不断的"教师节祝福"，倍感亲切和温暖！已非"专职"教师的我为何依然还一直享有这般"礼遇"，感动之余真是思绪万千、百感交集！教师何以为师？首当"传道"也！又何以为"道"？我以为"素质"与"品德"也！"一个人遇到好老师是人生的幸运，一个民族源源不断涌现出一批又一批好老师则是民族的希望。做好老师，要有理想信念、道德情操、扎实学识、仁爱之心，把自己的温暖和情感倾注到每一个学生身上，用欣赏增强学生的信心，用信任树立学生的自尊。"面向教师与教育的如此"直给"情怀，以及对中华民族优秀文化的敬重或许将唤起中国"民族教育"的新希望！我仍固执地以为：为师，快乐从自觉修养、以身作则中来；快乐从真爱学生、启迪心灵中来；快乐从纯净心灵、甘愿付出中来；快乐从一个个、一群群孩子们的可爱笑脸、健康成长中来；快乐从美丽心田、美好感受中来……

回家何须理由

回家的路，第一次这样的漫长而艰难！从来没有过的酸楚与不安，还真是刻骨铭心地体会了一回"老人言"："在家千日好，出门一日难。"尤其是当你认定了"要回家"的时候，这样的感受就会变得愈来愈强烈，这应该就是骨子里带来的吧，所以不能割舍、更不会放弃，心向着家的方向，一步一步地不再停歇……

人生就是矛盾的，在家久了，就想出去走走看看，去感受、体验和认知不一样的世界，去充盈自己沉寂已久和习以为常的内心，试图去获得完全不同的人生体验，甚至是生命的超然价值与无限精彩。但是如果离家远了、久了，就会思乡欲归，回去与亲人团聚，重温亲情的温暖，回去吃母亲做的那一碗令人垂涎的肉酱面，回去与友人海阔天空、小酌畅饮，甚至是可以让自己继续的一切悦动和愿意。

然而，人生又是现实和具体的，好多东西往往都是在失去之后才知道它的珍贵。时间、机会、情感、健康，以至生命，无一例外，无以挽回。失去了时间，也就意味着生命的完结；失去了机会，就意味着进步、提升和发展将离你远去；失去了情感，你就将与孤独、寂寞和空虚相伴；失去了健康，生命也就失去了意义；失去了生命，也就意味着失去了一切的一切。但是，在这一切之中，家，才是真正的归宿和源泉。

饿了、累了想回家，因为，家，最温暖、最安宁；远了、久了想回家，因为，家，最舒服、最安全；受委屈了、受伤害了想回家，因为，家，最亲近、最包容；获喜了、受奖了想回家，因为，家，最贴心、最幸福。家的感觉，总是这样的特别而独有，有时候就像是一个风筝，总想着"天高任我飞"，自由自在地遨游在无际的天空，越高越酷、越远越欢。但是，有时候又希望自己能被一根时隐时现、好似"血脉"之线牵引着，奔放和欢喜在那任性又留恋的一收一放之间，相互期盼着、相互牵连着、相互依赖着、相互畅快着。

其实，真正的家，都是驻在自己的心里，她可以是"狗不嫌家贫"的一个小窝，她可以是"家徒四壁"的寒舍，她也可以是传统而温馨的四合院，她还可以是现代而华贵的大别墅，她或大或小，或新或旧，或远或近，或复杂或简单。

家，就是这样的含蓄又豪放、温馨又浓烈、安宁又热闹、诱惑又约制、崇拜又敬畏，不离不弃、如影随形、魂牵梦绕地伴随和牵挂着每一个人。伴你喜来伴你忧、伴你苦来伴你乐、伴你荣来伴你辱、伴你成来伴你败、伴你生来伴你死。

但是，只有心中的家才是真正能够伴随每个人一生一世、心安理得和幸福快乐的归宿港湾。因为"子不嫌母丑，狗不嫌家贫"早已成为了流淌在每个人血液里的生命基因。所以，心中的家，她保藏着养育每个人成长的丰富营养，她储存着滋养每个人成熟的饱满情感，她存续着支撑每个人成才的无限能量，她铸就着助力每个人成功的强大动力，她铭刻着彰显每个人成器的最美记忆。每个人只有守住和珍爱心中的这个家，才能不负生命的意义和人生的价值。犹如杨绛先生所言："我们曾如此渴望命运的波澜，到最后才发现：人生最曼妙的风景，是内心的淡定和从容！"

人呐，无论你多忙多累、得意与失落、成功与失败、富有与贫穷、健康与病痛，最终都会自觉与不自觉地去做一件事情：不是想着回家，就是在回家的路上！无论路途有多么的坎坷而遥远、漫长而艰难，哪怕是一路荆棘密布、惊险重重，都无法阻挡

别把孩子带『歪』了

回家的心愿和决心。我们都要努力、都要坚持、绝不放弃，对于每个人而言，除了属于自己的那个小家之外，其实还包含着属于心中的家乡和祖国，以及让你终生热爱和眷恋不舍的，每一个温馨而安宁、动心又美丽的地方。

我们回家吧！回家的感觉，真好！

过节

过节，是小时候一年中最期盼的日子。因为，过节就意味着放假，可以痛痛快快地玩；过节就意味着饱口福，能吃到日常吃不到的好东西；过节就意味着惊喜，可以穿上新衣服新鞋子；过节就意味着有钱花，能够收到小红包；过节就意味着一年中最开心的日子到来了，所以，特别喜欢过节！可以说，过节是我们这个年龄的人记忆中最深刻的一段美好时光。

之所以成为众人口中的"云大厨"，或许是因为小时候外婆和姨妈们的耳濡目染，让我也有了一手还不错的厨艺。小时候每到过节时总是守在外婆或姨妈她们的身边，像一个小跟屁虫似的黏着她们看做饭的动作和手法，比如"驴打滚""粉蒸肉""炸乳扇""稀豆粉""酸菜扣肉""红烧丸子""青蛙抱玉柱""蒸火腿""老奶洋芋""芹菜肉末粥"，数不尽的一道道美食，就是此时此刻想起，依然垂涎三尺。渐渐地，这些经历成为我童年难忘的美好记忆，也是一段满载着体验和满足的快乐成长，更为日后生活技能的不断增长打下了基础。因此，才有了在大学宿舍里仅仅凭着一个煤油炉和小电炉（冒着可能违规的风险），就为留校过年的同学们呈现出一桌整整21道菜的"饕餮大餐"的历史性

"壮举"。每每与同学和朋友们提起时，全是得意、振奋、美好和感动。这或许就是一种模仿、尝试、体验、感受和创造式的自由自在的成长，一道人生中充满滋味又美丽的风景，或许也是人生中一种潜移默化的榜样传承，至今依然让我回味无穷，受益匪浅！因此，后来才有了13岁的小女儿主动请缨为老爸奉献上一桌生日"盛宴"的动人举动。

然而，奇怪的是，在物质极大丰富，社会生活日新月异，科学技术迅猛发展的今天，过节的味道反而淡了，甚至没了！人们对于过节的感受也随着时代的变迁和多元文化的冲击与影响渐渐地变了味道，离原汁原味的"节"渐行渐远，有时甚至是背道而驰。"节"的起源、内涵、寓意和价值也越来越不被认知、在意和重视，在匆匆忙忙中只是为了过节而过节，不再去体味和珍惜每一个"节"应该或能够带给自己，特别是孩子的感悟、意义和价值。更不可思议的是，如今的孩子们，尤其是年轻人越来越热衷于过"洋节"，并以极大的兴趣和热情投入到那些五花八门的"洋节"之中，甚至得意洋洋，难以自拔。而置我们几千年优秀传统文化造就的一个个丰富多彩、带着深刻寓意并充满内涵和味道的传统节日于不顾。这是一种何等的悲哀！

实事求是地说，过节，其实过的是一种文化；一种对文化的认知和感悟；一种文化对生命的充盈、对心灵的滋润，以及对人生的激励；一种对人自身文化血脉中遗传因子的珍惜和守护；一种强大内心与精神的滋养和力量！而不是一种低级、肤浅、草率和自以为是的享乐与过瘾！诚然，我们不能简单地用好与坏去形容和评价"洋节"，我们甚至还应该从"洋节"中去汲取西方文化中积极而有益的色彩与元素，关键是我们的教育应该以何种"恰到好处"的态度、立场和方式去引导我们的国人，尤其是在本土环境中成长的孩子们。让我们的孩子能够真正懂得我们传统文化中过年的"年"是什么，"除夕"又指的是什么，端午节有着怎样的故事和传说，重阳节又有着怎样的现实寓意，等等等等。然后，以独立的思想去打造属于我们自己的独立人格和精神世界，让生命精彩，让人生健美而明亮！

希望通过过节，让我们的孩子们热爱真实生活的价值、珍惜可贵生命的意义、懂得短暂人生的内涵，去努力赢取一生真实的幸福和光明！

过节，真好！

四、生命旅程

"人生，其实就是一个见天地、见他人和见自己的过程。"就是一段感知生命、体味生命、认知生命和完善生命的旅程，就是一场自我发现、自我提升、自我丰富和自觉进步的生命体验！

希望与畅想

与往常一样，小女儿一放假，我们一家四口，又踏上了赴美度假的旅程。自从2014年暑假，四家好友相约赴美旅行开始，两个女儿就爱上了洛杉矶的景色、加州的阳光，还被让她们魂牵梦绕、百玩不厌的迪士尼和环球影城深深地吸引着，不能自拔。当然还有她们结识的阿姨和大大、哥哥和姐姐，以及他们那些可爱的猫咪和狗狗，真可谓是天时、地利、人狗猫和！

就这样顺其自然、不知不觉地，从寒假到暑假，从北京到美西，从还带着青涩的2014走到了五彩缤纷的2020。就在这不长也不短的六年间，小女儿从小学迈进了初中，从一个小姑娘变成了一个花季少女；从渐渐接近姐姐的身高到悄悄地逼近一米七的大姑娘；从父母一直呵护中的孩子，突然长成了天天渴望自由与独立的小大人！这，就是小女儿真实的成长！不管我们做父母的怎样以为、如何用心。

　　大女儿也在我爱的感化下"回心转意"，并且在潜移默化中追寻着老爸的事业轨迹，顺利地完成了教育学研究生学业。从起伏不定的心智和自以为是的我行我素，渐渐地懂得了知冷知热、孰轻孰重；从只谈自己的兴趣与爱好的完全自我，开始关注起父母的年龄与健康、妹妹的情感与成长；从依然开心地等着父母主动给她花钱，突然间得意地宣布这次你们要什么我来买。尽管只是一次阶段性成果的大气释放，但也足以看到这实质性变化背后的光亮！

　　就在这次出发前的两三个月，在我这一遍遍苦心的循循诱导和"三寸不烂之舌"的"强攻"下，她终于如释重负地迈出了人生重要的一步。在出发美西前，喜喜地出嫁了，结束了那"不明不白"的爱情马拉松。光阴似箭，岁月如梭。如今，她已成为别人的新娘，在那一刻些许的酸楚之后，更是一份心安理得的踏实与慰藉。这，就是女儿可喜的成熟！带着一份安稳与喜悦，顺着一份平和与宁静，一家人就这样心心相印地又一次踏上了那片熟悉而又想重新去探索和体验的土地。气候宜人、阳光灿烂、环境舒适、地广人稀且潜藏众多秘密的洛杉矶。

　　这次想要弥补上个假期因要为好友提供系列帮助，而未能出游任何地方欠下女儿们的"账"；这次还想和亲朋好友的孩子们一起，踏上早已"蓄谋已久"但一直未能如愿的加州神秘而璀璨的Catalina Island（卡特琳娜岛）；这次还要与至亲好友如约小酌、茶叙、收拾心情、畅聊天下、分享各自的收获与心得；这次还要北上念念不忘的旧金山，去感受爱侄贤婿即将得子的快乐，并探

四、生命旅程

望已守候他们半年已久、八十有余的姥姥姥爷；还要期盼着视如己出的贤侄的博士毕业；还要在时间精力允许的情况下，去做更多的探索与体验，丰富假期生活！

实话实说，其实每一个假期并非就是一次简单的重复或一般意义的度假，它还应该是一次属于自己的心的旅行。它往往具有一种承上启下的功能，它还是伴随年龄增长的一种良好补给，它更是对生活与人生的又一次提升式体验，它一定是再一次提供去努力发现的机会。

而更加有益的却是，在与孩子们的相伴、交流和互动中能够真真切切地收获到理解、信任、支持、反省、理性和智慧。能够引导和帮助我们与孩子们一同进步、共同成长。

满怀希望与畅想，我们又出发了……

意想不到的开始

满怀着希望和憧憬，我们又顺利地来到洛杉矶。气候依然宜人、环境依然熟悉、阳光依然灿烂！或许是因为太熟悉和习惯的原因，一到住地一家人就默契地开始了前期的准备和预热。有的打扫卫生，有的归置行李，有的安全检查，有的联络好友，有的检查备忘，有的准备采买。一切都在按部就班地进行着，分工明确、井井有条、欢声笑语。

由于时差、精力与体力的原因，基本上每一次到达后的前两顿饭都是在外面有选择的解决。一方面是不想让已是舟车劳顿的身体再添疲惫；二是腾出时间去采购接下来必需的生活物资。或许是潜意识的一种习惯，或许是与生俱来的一种能力（不低调了！），很多大大小小国内国外的餐馆（当然中式的居多）只要去过一次，我基本上很快就能和店里人打成一片。与服务员、经理或老板混个半熟或全熟，这一点还被身边一位可亲可敬的大哥传为佳话（有点得意）。

其实也没有任何别的目的，只是想求得整个用餐过程的一份踏实和舒心，有谁不愿意带着一份轻松与愉悦去品味美食的。这次依然不例外，而且正好碰到了老乡经理，一位略带沧桑却满脸阳光灿烂的中年女士。尤其是她那刚一开口的乡音，就好似一股甘甜的清泉亲亲地流入心田。特别是当久别家乡又身处异国他乡时，就更加地感受到格外的温暖和亲切。一通热情洋溢的寒暄后，乡亲马上就去特别告知厨房里的大厨，用两天前才从国内运到的正宗云南昭通酱（主料），专门烹制一道浓郁地道的香辣活鱼（菜谱上没有）；随后又送上了看着都会让你流口水的小菜一碟，完全就是一种祥和、自在、过瘾和难得的"饕餮"体验。

其间，利用短短的空闲机会再聊上几句，才得知今年的美国流感正在蔓延，且已死了两万多人。从听到这个消息的那一刻起满脑子里都是怎么可能呢？为什么呀？简直是不可思议！

政府怎么会允许这样！几日过后，由于从来没有遇到过，并且毫无相关经验，再加上媒体很少报道，也未形成什么态势，所以也就被初来乍到的我们完全忽略了。我们照常外出活动，照常好友小聚，尽享加州灿烂阳光。可是谁又会想到，这已经在不知不觉中埋下了一枚随时都会爆炸的不定时炸弹！现实中很多事情或许就是这样的，当人们开始意识到它的存在或发展时，往往是已经晚了或来不及了！

因为人们的生活观念与一般常识，是轻易不会将"流感"和

"死亡"必然联系在一起的。一个声称民主并十分重视人的超级国度，竟然可以让一个所谓季节性的流感，随着时间的流逝去夺取一个个无辜的生命！甚至还享有一流科技水平的光环，真是让人大跌眼镜、不可思议！

因此，休假计划还没有开始，理想就已经破灭了！孩子们结伴出行的探索、好友愉悦相约的美好、弥补过去遗憾的激情、自驾远行的冲动、齐品云大厨（本尊）美食的渴望、共度新春佳节的期盼，这一切的一切通通都在那一瞬间化为了泡影！

真有一丝"人生愁恨何能免？销魂独我情何限！"的凄凉与不甘！所以，从此似乎就已经注定了2020年的美西寒假，将是一个不平凡的假期！

世事无常　坦然面对

半年前入境美国（洛杉矶）时的情景，今天依然历历在目。和以往一样，下了飞机就直奔海关大厅，机器自助登记、排队、通关、取行李……就在排队的过程中无意地看到身旁的柱子上贴着一张不到半米见方的纸，上面好像写着什么"从中国武汉来的旅客请从这边排队"的字样。字数不多，且字体不大，与我们无关，所以也就一眼带过，没有在意。没想到的是就在不久之后，这个偶然的碎片记忆却引发了一场"大爆炸"！

事情与生活往往就是这样的，在长时间的习以为常中面对一切时就很容易司空见惯、不以为意，直至得意忘形。从小处说，只要是觉得还没有达到"伤筋动骨"的地步或者仅仅是触及皮毛并无伤大雅，人们往往的选择或反应就是视而不见、顺其自然或

别把孩子带『歪』了

是放任自流。因为这样既不麻烦，又不多事，落得一身自在。所以"事不关己高高挂起"式的处事态度以及盲目自信和侥幸心理的非理性习惯，已深深地注入了太多人的骨髓。从大处讲，问题就出在我们的教育上，因为我们往往只重视了教育的功利性，而却完全忽略了教育作为文化基础的重要性；或者说我们的教育在很长的一段时间里，在社会快速发展中过于急功近利，而忘却了思想与文化的同步。

因此，我们只有在教育的宗旨、定位、立意和价值取向上做出客观、理性、务实和正确的选择，才能切实成就我们的立民、立国和立身之本。

生活中，看似很多的偶然，其实都有着其必然的因素所在，因为任何一个事物的存在、发展与变化，从来都不会以人的意志所转移，而且当人们一旦面临某种强大的事实时，往往变得措手不及和百般无奈。所以当国内疫情突然大暴发，特别是武汉成为全世界关注的焦点时，似乎大家才"不得不"地意识到了点什么……可是这个时候，看不见摸不着的"新冠"因子，早已存在于世界各地的大街小巷，毫不吝啬、没有例外地去检测每一个人的体质、能力和健康水平，以及其背后的生活方式、卫生习惯及个人修养。瞬间，我们才开始警觉，并陷入了矛盾之中！

看着国内疫情一天天的恶化，对于刚刚才抵达美西的我们来说，可谓是真正的五味杂陈、矛盾重重，着实地忧虑与不安起来！一方面庆幸我们一家无意逃出了困境，就像2003年那场同样是突如其来的"非典"，我们一家正好在家乡昆明度假（没有一例病例），可以安身于洛杉矶。但是另一方面深切地不安于国内疫情的状况，那里不仅还有亲人和至爱亲朋，那里更是生养我们并赖以生存的根和家。她的好与不好与一切变化都必将牵动着我们的心，这是渗透进血液里的基因，终不会改变！

时日不久，大女儿的不安心思开始流露出来，刚刚新婚不久的她想必也陷入了矛盾之中！身边是刚刚才凑拢一块儿的亲人，那边还有朝夕相处多年的婆婆和丈夫！是去是留，一时间成了她的一道大难题，一时不知如何破解才是！最终我们充分理解并坚决支持了她回国的选择，因为，那边等待着她的母子依然是她不可割舍的至爱亲人！

换位思考、相互理解、替人着想、敢于担当！这既是一种态度，也是一种选择，但更是一种修养！就像我经常给两个女儿说的一样，爸爸受到爷爷奶奶的教导和影响，所以打小就学会并做到了一旦做出选择之后就要坚定和勇敢！

选择时机、改签机票、收拾准备、装备演示……大女儿依依不舍并坚定地踏上了回家的旅程。一次她成年人生非常的独自旅行；一次她成家后充满特殊意义的经历；一次她成长过程中弥足珍贵的考验；一次她成熟起来具有非凡价值的收获！

疫情，正在改变着我们每一个人！同时也在改变着这个我们既熟悉又陌生的世界！

人生的第一次

按照汉语词语的解释，隔离，指断绝接触，断绝往来。一个平常生活中很普通的词语已是司空见惯，但是当它真正地出现在现实里、发生在自己身上时，它就变得特别的不同、特别的强烈！尤其是这一"断"和一"绝"，真实的和自己关联在一起时，

"隔离"一词仿佛就成了一枚炸弹，让人开始不安、紧张起来！

一段旅行，从平常走向非常。美西，已是越来越熟悉的地方。洛杉矶，每年寒暑假休假的目的地。也不知是源于什么，在大学阶段就热衷中西文化对比的我，似乎早就注定了迟早我都要走进这个看似比较熟悉，却又十分陌生的地方。虽然还无法读到万卷书，那不如就先行万里路吧，因为心中一直都有诗和远方！

平静而舒心的寒假在习惯的时差中刚刚开始，还没来得及去逐一实现美好而多彩的规划时，就被那突如其来的"新冠"打乱了一切。使得本来平常而充实的寒假，开始停滞、不安和混乱起来，宝贵的二十多天时间变得漫长而无边！从此，平常走向非常，内心不再宁静！

一次经历，从普通走向复杂。住下，只是换个地方安静地生活。走出去，故地重游，重温往日的温馨与美好！发现，去了解和感受不一样的文化差异和特点。正是Seeing is believing（眼见为实）的道理所在！巨星科比的意外陨落打破了刚刚开始的平静，似乎在告知天下生命如此脆弱！唯有在意、尊重和珍惜！

席卷全球的"新冠病毒"，就在不知不觉中夺走了不知多少无辜的生命！一时间什么医学、什么科技、什么一切的先进，在这个看不见摸不着的小小病毒面前，都是那样的渺小、那样的无奈、那样的悲催！如何保护生命，瞬间成为全世界共同瞩目的问题！3月9日加利福尼亚州5.7级的地震，又给已是不安与不平静的美西，蒙上了一层灰色而阴郁的阴影。让正在经受袭扰的人们雪上加霜、坐立不安。非裔美国人弗洛伊德被白人警察的残忍跪杀，一石激起了千层浪，从愤怒民众的抗议游行，发展到完全失控的打砸抢事件，从明尼阿波利斯蔓延到全美各地，再从发源地美国扩展到世界各地。反种族歧视的运动一浪高过一浪，拷问着美国的政治与制度，甚至影响到美国总统大选局势。

一种体验，从简单走向非凡。除了文化与环境的不同和差异外，基础的生活与日常的生活形态，多少也是入乡随俗或大同小异的。关键的不同主要在于，制度与文化差异背景下的人生信仰、思维习惯与价值观的不同。因此，就在这理想与现实、文化与制度的双重冲击下，对于大多数身处实地的国人或华人来说，与接二连三的现实灾难隔离、尽快回国，就成了最真实、最迫切和最佳的选择。所以，这样的隔离也就成了势在必行、理所应当、合情合理和心甘情愿。甚至有一种彻底断绝和绝不来往的坚定，这或许就是血脉相连下的文化根本。然而，从踏上回国之旅的那一刻起，所有的期盼与兴奋、激动与感慨、畅想与美好，都是在从未有过的距离、口罩与隔离中进行的。

人与人之间，成了相互防范和远离的对象。亲人与亲人之间，也转变成了不可"亲近"的关系。仿佛这眼前的一切现实又真实的场景，只是存在于电影电视的艺术表达之中，以及人们曾经有过的梦幻之中。当最真实的隔离成为现实时，人们固有的概念、意识、习惯与价值判断，最终就像是被格式化了一样，瞬间满脑空空如也！真可谓世间烦恼与痛苦之事数之不尽，而且有些事你越想忘掉却越挥之不去。既然如此，就不如干脆将它记住！虽然我们的隔离只是一墙之隔和门对门的距离，但是它却迫使你不得不重新去感受和理解什么是情、什么是爱！尤其是爱与爱的距离、爱与爱的方式和爱与爱的力量！所以，我给集中隔离中一家三口取的微信群名就叫作"爱，近在咫尺！"以示警醒、鼓励和纪念！

别把孩子带『歪』了

到此，杨绛先生对青年人的谆谆教诲，已是不绝于耳、更是令人感慨万分："如要锻炼一个能做大事的人，必定要叫他吃苦受累，百不称心。才能养成坚忍的性格！一个人经过不同程度的锻炼，就获得不同程度的修养，不同程度的效益！好比香料，捣得愈碎，磨得愈细，香得愈浓烈！"

或许经过这人生中特别的14天隔离，能为小女儿未来的健康成长，酿造出至纯的芬芳和无限的希望！

特别的封闭式生活

谁也不会想到，一个平常而普通的寒假，竟然从开放式的自由自在演变为一段没有预期的封闭式生活。突然、被动、不得不而且是在远隔万里之外的异国他乡 —— 美国。天下大多数的灾难，都是不会让你有提前的准备的。这次也不例外，一个小小的"新冠病毒"，竟可以在短短的一两个月里就开始蔓延全世界，而且肆无忌惮，来势凶猛。就在国内疫情得到控制并逐步缓解，我们正在为此而替国人和亲朋好友长长地松了一口气并开始欢欣雀跃时，美国发出了言辞简单生硬的"禁足令"。这对于外国人的我们来说，尽管一时间也是丈二和尚摸不着头脑，但是心里还是不自觉地有着三分的害怕，因为完全不清楚美国人处置紧急事件的路数，届时对我们亚裔（华人）人种又会是何种态度？

或许是我们中国的积极防控在先，并在一个较短的时间内就控制住了疫情的蔓延。眼前有了这么一个极具说服力的案例，所以刚一开始面对生活方式的改变时，我们和孩子也都没有太大的顾虑与压力，心想反正不就是一小段时间的事嘛。甚至小女儿还调皮地说："这不挺好的吗，天气越来越热了，待在家里正好。"
她一直都有着胜于我们的好心态，对于一个年仅十四岁的懵懂少
年来说，不管是轻言，还是郑重，实属难得，好事一桩！

回想起陪伴小女儿成长的这十几年，以及近六年往返于中美
之间的假期旅行生活，应该说全是open的状态。热衷于自然与
自由、热情与奔放、分享与相伴，全然一种自由自在、无拘无束
和丰富多彩的生活节律；真实、充实、踏实，所以很难想象如果
从自由走向约束、从开放变成封闭；再从天天和人与自然的亲近
突变为天天与冰冷无情的一件件物体为伴，这将会产生一种怎样
的心境，又如何去面对那样一种难以想象的情景。尤其是一位活
泼开朗、热情奔放的小女生，其实就是对于我们成年人来说，也
是一次很不容易的挑战！

然而，世事难料，难以如愿！谁也没有想到，起初的"有期
徒刑"，却在稀里糊涂中变成了"无期徒刑"。而且一开始还被
蒙上了因"排华情绪"升级，而可能带来的冲击与伤害的阴影。
面对现实，在这无比的无奈中，我们也不得不选择了"自律"与
"自觉"，开始了小心谨慎和遥遥无期的"封闭式"生活。

第一次戴上朋友送来的医用口罩和手套，近全副武装地踏
进Hmart（韩国超市）。刚刚开始的时候（有要求但不强制）我
们中国式的"武装"与多数不戴口罩的人形成了鲜明的对比，好
似一道异样的"风景线"，这历史性的一幕将永远印在一生的记
忆里！

在那无期的等待与煎熬中，慢慢地形成了一套自己琢磨与总
结的程序。

购物套路：

一、开车者不接触购物车和公共物品，推车和付款者不开车、尽量不接触自家物品，回到住处，在车库里换下全身行头，进屋先洗手。

二、购回的所有物品先分类进行心理安慰式处理，硬包装的擦拭外表后归位，水果蔬菜用稀释盐水或洗涤灵浸泡并清洗，晾干或擦干后，或入冰箱或摆放到位备用。

三、采取"与世隔绝"生活方式：

1.信件与外来物品戴手套拆封处理。

2.在不得不接触的情况下，严守social distance（社交距离），平日"断交"，微信相联。

四、从原来在屋前小道行走锻炼改为一天两次，上午或下午在屋内以音乐为伴打转半小时，晚上女儿网课课间戴口罩在户外屋前行走半小时，以保障身体能够处于基本正常状态。

五、全力配合小女儿坚持"黑白颠倒"式的网课学习（这一点其实才是最不易的！）。主要是时差原因（凌晨一点多下课，甚至还晚），每天基本都是凌晨两三点睡觉（因时差和兴奋常常不能很快入睡）。所以生活节律不得不调整为一天两顿饭。由于网课与线下上课的区别，课间很短，所以不得不把饭送到书桌前，边吃边学。孩子非常懂事，除了偶尔想吃某种东西外，从来不提任何要求，给什么吃什么。

还有太多太多的细节与内容无法一一罗列，原本二十多天的寒假在无情、无奈和无助中足足地煎熬了近半年！这非凡的经历与感悟，将在我们的人生长河中刻下浓浓和深深的一笔，但愿它也能成为我们与孩子未来共同成长的一笔宝贵财富！

无奈分离　意外收获

"我第一次听到的哟，是你的喊；我第一次看到的哟，是你的脸；我第一次偎着的哟，是你的胸口；我第一次熟悉的哟，是你的眼；我第一步走的路哟，是你把我搀；我第一次流下的泪珠，是你为我擦干……"这是1999年我们"昆明三兄弟"在自己的专辑里，唱出的一首歌《人生第一次》，一份对母亲深深地感激与思念！那一个个的第一次，全是深情、感动和美好！

2020年6月7日，一个不平凡的日子，本该从洛杉矶直飞北京的我们一家三口，自下飞机后历经近五个小时的辗转和折腾，被安排在了天津的维也纳酒店。从此开始了史无前例的14天集中"隔离"生活，同时也开启了我们人生中无数的"第一次"。

第一次难言的骨肉分离，因工作或特殊情况等原因，我们一家人有过短暂的分离，但这次却完全不同。因疫情需要严格防控，我们一家人从此隔离开来，虽近在咫尺，也只能是隔墙"心心相印"，既然如此，我也放弃了可以争取到让14岁小女儿和母亲同住的机会。一来是尊重孩子的选择（哪怕是一种冲动）；二来是想干脆大胆地放手一回。这里没有任何的抱怨，只有无限的感慨。希望这次特别的分离能够带给我们意外的收获，特别是为女儿未来成长创造一笔宝贵财富。

第一次最长情的等待，一家人从来没有像这样的分开过，而当你已经知道必须要去面对的时候，你就会马上明白它将是一种刻骨铭心的情景，让你自己去扮演你脑海中的各种角色。

在近乎是零的距离中，一家人彼此享受着一种长距离的牵挂。在看似短暂的14天里，让一家人共同体味着人世间最长情

别把孩子带"歪"了

的期待！

但是，我们要相信时间的效力，或许它会拥有这时空中最美好的跨度；又或许很多很多年以后，当我们再回想起曾经走过的这一段不平与坎坷时，那些当初看似好像永远都无法跨过的沟壑，却是那样的平缓、通畅和悠长……甚至会让你彻底地忘记了，当初经历这些曾经让你胆寒的困境时，你的内心又是一种怎样的惊涛骇浪。至少在很久以后突然和朋友谈起时，或许你会仍显得意地来上这么一句：嗨！那都是 long long ago 的事情了，随之一笑了之，已成为一生可以骄傲的资本。

第一次最严格的心理测试，本来有着良好心理素质的我，再加上近二十余年来专心从事儿童青少年心理（人格）健康辅导的实践与探究，也算是已经筑起了一道属于自己的心灵长城。但是，当一走进隔离房间时，屋里最显眼的一个矮柜台面上放着的两张大小各异的宣传单页，《新型冠状病毒相关情绪自我评估》和《新冠疫情下隔离人员心理调适小贴士》，便条件反射式地引起了我的注意。仿佛一种强大的心理暗示扑面而来，看来我们的防疫工作者也是用心良苦了。

然而，对于绝大多数人来说，除了要尽快适应隔离的生活外，心理上也必将承受或多或少、或轻或重的思想与精神压力，一种低落压抑的负面情绪就会自然上身。这必然就给我们的身心健康带来了从未有过的，并且只能通过自身克服的，一次非常条件下的巨大挑战。至此，我要特别地感谢一直与我同甘共苦的家人，包括新婚不久、一直在努力奋斗的大女儿，以及他们身后强大而温暖的支撑力量，可亲可敬的亲家母。尤其是小女儿你这个了不起的小家伙，是你们娘俩的坚强和坚定、自律和自信以及和我史无前例的默契配合、撑起了属于我们自己的一片天。让我们这个家变得真正的、越来越强大起来，为你们自豪、为这个家骄傲！

最后，让我们以"健康的一半是心理健康，疾病的一半是心理疾病"来共勉！

怀念最敬爱的忘年交

"级别最高的实名举报者"，云南省政协原副主席杨维骏同志于6月9日下午在昆明逝世，享年98岁。

中午时分，惊悉杨老、杨维骏先生，于6月9日下午在昆明逝世这个突如其来的意外消息，还是给了刚刚开始被隔离的我一个很大的触动与深深的遗憾！虽然杨老已是98岁的高龄，但还是让我这个小他老人家近半个世纪的"忘年交"，一时心潮涌动、百感交集、难以接受！我与杨老可以说是真真切切的一见如故。第一次去海埂家中拜访时，我多少还是些微的激动与不安。毕竟杨老曾经是家乡的一位位高权重和德高望重的高级领导，但是当老人家那双柔软中带着力量的手，紧紧地握住我的手时，一种从未有过的亲切好似一股暖流瞬间流遍全身，温暖无比，仿佛许久未见的至亲长辈！随后婉琪阿姨热情地招呼上好的水果和茶水，更是让我倍感宾至如归、温暖不已，起初的一切不安与杂念也随之消失殆尽，剩下的就是期待已久，又迫不及待的两代"神交"了！

依然精神矍铄、乐观通达的杨老刚一坐下就和我拉起了家常，看得出来，老人家的一份特别用心，是为了让我这个初来乍到的忘年小老乡能够自然和轻松一些。几句亲切而温暖的寒暄之后，杨老就直接和我"探讨"起时政问题，并静静地坐在那里听着我这个绝对的年轻人的一言一语。用他老人家那和蔼可亲的微笑和点头回应着我，特别是谈到他老人家一直特别关注并放不下的，已是他老人家晚年全部生活的反腐和民生问题时，对我面前的这位资深政治家（还是学者、更是斗士）来说，依然是驾轻就熟、满腔热血、义正词严，仅仅是短短的十几分钟，一种从未有过的由衷敬佩之情油然而生！老人家那恰到好处的语速中，自然流淌着一股股浓浓的家国情怀的清流，绽放出一位年近九旬老人的睿智火花！他那平和沉稳的表达背后全是满满的正能量：正义、责任、追求、信念、坚定和义无反顾，简直无法想象是源于何等的缘由与力量，可以让这样的一位暮年老人如此的朝气蓬勃、浑身力量，光彩照人！

慢慢地，我的内心滋生出一种马上就想走进杨老的人生世界的强烈愿望，并且开始蠢蠢欲动、坐立不安起来。或许是缘分、或许是巧合，又或许是老人家早已洞察到了我那试图还想遮掩的小心思，杨老突然起身将我牵引上到二楼，从过道开始到走进书房，杨老满怀激情、如数家珍般地向我说明和解释着每一张带着历史沉淀的老照片，以及屋内精心摆放着的一件件饱含沧桑的老物件。伴随着杨老深情而带着温度的讲解，在不知不觉中我的心也慢慢地开始被融化了！我渐渐地开始走进属于他们那辈人的不平凡的多彩世界，而让我最感动的是，杨老完全没有顾及他身边的这个"小屁孩儿"是否愿意、听懂和喜欢他满怀激情的讲述。

他身临其境般地向我揭秘着那个烽火连天，一切都是那样灰暗与阴冷的世界里，他们一家人坎坷而艰辛的传奇故事！特别是他和父母与家人所遭受的痛苦与磨难，当他提到"我是烈士之子"时，老人家哽咽了！立志成为父亲那样正义且纯粹的人，一直引导和支撑着他走到今天！

我时而静心聆听，时而不寒而栗，时而感动不已！其间我的联想还不自觉地夹杂进了父母的经历，一时间真是让我五味杂陈、百感交集。而杨老全程都是满含着希望、坚定和感恩的表达，一丝一毫都不带有辛酸、放弃和怨恨。这或许就是我们这代人根本无法想象的，他们那质朴、纯粹、执着和忘我的一代真正的革命者的气节与风范吧！其实这些才是我们和之下的一代一代人，需要学习、牢记和掌握的立身之本！

杨老作为"级别最高的实名举报者"，他始终都在说："反腐是你死我活的斗争，不能停！"他是这么说的，也是这么做的，他为云南反腐斗争和为民请命所做的贡献有目共睹！为云南和国家及时挽回了巨大的损失！然而杨老因此而昭示天下的却是"世路艰辛荆棘阻，甘当除棘一愚公"的英雄气节，更是对"先天下之忧而忧，后天下之乐而乐"最唯美的诠释，这才是满怀家国情怀、爱国爱民和心底无私的伟大精神！

杨老的一女一儿都是我的好朋友。从他们姐弟的身上和经历就可以清晰地看到杨老的家风家教清新而光彩的影子。按理说，这样的高干子弟或多或少都会沾上父辈权力与地位的光。事实却是他们都是依靠着自己的特长与爱好，从事着各自喜爱的工作与事业，打造着属于他们自己独立、快乐和充实的生活。这种情况在今天看来基本上就是天方夜谭式的童话，定是与真实的现实无关。这一点，也是让我对杨老肃然起敬的一个重要因素，这也是杨老近百年的人生留给儿女的宝贵财富！让老人家的代代子孙受用不尽、受益匪浅！

杨老虽然已经离我们远去，但是他老人家的音容笑貌依然浮现眼前。老人家那伴着谦和与柔润的一种坚韧与刚强，彻底铸就了他那高尚而伟岸的人格长城，永远都将屹立于东方！杨绛先生的一生感悟，不正是对杨维骏老先生一生的光辉写照吗？"我和谁都不争，和谁争我都不屑。简朴的生活、高贵的灵魂是人生的至高境界。"

正在集中隔离中的我（们），回忆着与他老人家多年来往的点点滴滴，也只能带着深深的遗憾与祈祷，并以此短文来表达对如家父一般的忘年交，我（们）最敬爱的杨老先生最深切的思念！刚刚和杨老女儿通电话的最后我亲亲地对她说：老父亲的气节和人品，就是他老人家这平凡而伟大一生最亮、最硬的底牌！

杨老，一路走好！

您是这个世界上最幸福的人！

关于真实与假象的思考

科学在识别一个事物并获得正确结果前，也都是一种方法或手段而已，但是科学精神却是永恒的。它不管任何求证的对与错、成功与失败，所以我们不必苛求短时间内就获得真相，但我们却可以在获得真相的路上一直秉持着科学精神，这样我们就不会轻易被假象所蒙蔽或吓到。这里我们需要做的就是对真实与假象的思考，并践行的坚持与坚定，也就是说只要是还没有被系统化和公式化了的知识，就都不能称之为科学，所以我们需要努力，也需要等待。

或许是由于教育与文化的原因，再加上一直以来我们的科学教育与人文教育，长期脱离或未能有机地相结合，使得教育结构体系存在着整体性的缺陷，当遇到紧急事件或灾难时，我们往往是被动的，结果便可想而知：或贻误战机，或无功而返。这都是由于我们根本就没有看到或查明问题的真相，而在虚假的现象中或误入歧途，或背道而驰。这就是无力或丧失了判断力的必然代价！

我无心也无力去摆弄什么概念和权威，只想通过亲身的经历与现实的思考，去分享或寻找一些能够帮助我们如何面对并合理解决复杂问题的思维方式，以及快捷高效获得时（实）效的智慧与能力，以利于我们去减少或避免，因为错误的判断、选择和行为所给我们带来的不必要或残酷的痛苦与灾难。

经过反复研判和慎重考虑，我国政府果断地做出了立即"封城"的选择，而且在一个较短的时间里控制住了疫情的蔓延，并且渐渐地取得了实质性与可喜的成绩，率先走出了病毒笼罩的阴影。我始终想要表达的是，我们始终站在历史发展的进程中，如何痛定思痛、未雨绸缪、防患于未然。同时来共同探讨一个看似枯燥，但却十分现实而有力的哲学问题，就是如何在正确的思维方式指导下，去获得对事物或问题认知的科学方法，并且较快地去透过假象（现象）看到真实的本质，从而从根本上去解决问题。好比曾国藩所言："凡事皆有极困难之时，打得通的，便是好汉！"

英国哲学家培根曾经指出："科学首先应该专注于提供能改善每个人生活的实用发明。"如果我们始终都能保持一种严谨而执着的科学精神，以及不受任何干扰地对生命负责的根本态度，并且去预见、去发现、去探究事物或问题的本质，我们或许就不会在问题演变为事件时而措手不及；我们或许就不会在矛盾冲突时而被假象蒙蔽；我们或许就不会在灾难降临时而痛失挽救的机会；我们或许更不会在做出生与死的选择时而丧失起码的尊严！

就像居里夫人热爱科学、甘为科学献身的伟大精神："我们必须有恒心，尤其要有自信！我们必须相信我们的天赋是要用来做某种事情的！无论代价多么大，这种事情必须做到！"尤其是她追求科学精神的至高境界，更是值得我们学习、敬仰和深思的，"在科学上重要的是研究出来的'东西'，不是研究者的'个人'。""科学家的天职叫我们应当继续奋斗，彻底揭示自然界的奥秘，掌握这些奥秘以便能在将来造福人类。""我们最重要的原则是：不要叫人打倒你，也不要叫事情打倒你。"作为一位对这个世界做出了巨大贡献的科学家，她的忘我、执着、坚定和强烈的责任感，才是她获得巨大成功的真正源泉和奥秘所在。

其实思考与研习至此，为的还是"静坐常思己过，每日三省吾身"，尤其是在培养女儿并与她们一同成长的过程中，如何自我修身、如何做好榜样、如何给予她们一生健康成长和能够成就一生的成功秘籍！即获得一生幸福的真正财富！

突然想起了一位可敬的语文老师，一句朴实而极具深意的话："能影响人一生的东西，从来就不是什么考试的内容！"

感谢你，爸爸可爱的女儿

不知道为什么，刚写完标题，我的眼睛突然湿润了 …… 想了想这个特别反应的原因，或许是身处这个特殊时期，特别而复杂的心情所致；或许是特别地期盼着隔离结束后的一家团聚；又或许是爸爸第一次以这样"正式"的方式与你交流，但是不管是什么原因与理由，一定和爸爸动了心有关系吧！不过，有一次这样的特殊经历与感受，对爸爸来说是有益和幸福的！此时此刻，你小时候的点点滴滴与一举一动，如电影一般，一幕幕地浮现眼前，带着色彩、温度和欢声笑语！

突然间，我都能感觉到我脸上微微的笑容，心中也开始心悦起来，甜甜的、甜甜的，已经忘却了自己。这或许就是专属于父亲情感的特殊权利吧，所以，激动一下、美一阵子，理所当然。

乖乖！还是心里蹦出来的声乐，本来想在这里称呼得正式一点，嗐，反正又不是官文，就遵从自己的内心吧！这样会更自然、更舒心一些。你知道吗？你还没有出生的时候，爸爸就一直陪伴着你、关注着你的一举一动。记得有一次，也是第一次按照大夫的提示，正在听胎动时，你竟然调皮地"踢"了爸爸一脚，你那童话般的"一脚"，至今还是爸爸最美好的回忆！之所以要记住、会记住它，就是因为那也是你给爸爸的最后"一脚"，同时也成了我们这个家的宝贵"文物"。爸爸会永远地珍藏在心里！

记得有一个问题你问了爸爸许多次，"爸爸，我小时候哭过吗？""爸爸，我小时候像这样哭过吗？"虽然爸爸从来没有探究过你为什么要这样问，但是你每一次提问时那得意一笑，就是爸爸想要的最美答案了，你说呢！如果今天一定要让爸爸作答的话，也只能遗憾地告诉你，在爸爸的记忆里鲜有你哭的模样。难道是你从一出生就懂得了"笑比哭好"的硬道理吗！哈哈！

还在爸爸琢磨着用什么方式教你说话时，你已经开始"呱呱呱"了。爸爸还在掐指算着你什么时候才会站立时，你已经扶着小床的护栏自己站起来了。还有很多这样的事同样地发生了，似乎你从小小时就已经早早地埋下了"自立"和"独立"的种子。

一转眼，你已近花季少年，从摇摇晃晃站立爸爸手中的那个小小精灵，已经长到了如今已近一米七的大女孩。从一年多前爸爸说什么时候才能够平搂着你，到现在你主动地像哥们儿一样反搂着爸爸。

从你几年前不惧危险，故意穿着妈妈的高跟鞋与爸爸比身高（或许是太渴望快快地长高了），再到今天你只要是穿上鞋跟稍高一点儿的鞋立马就高过了爸爸（每每这个时候你都会得意地喜笑颜开），等等等等，不胜枚举！这些细微和明显的变化无时无刻不在清晰地告诉着我，我的女儿、我的乖乖已经长大了！

然而，你在爸爸心中真正的长大并不是这些，而是从美国开始的"封闭式生活"，到踏上归国征程的惊魂25小时；再到今天非凡的集中隔离观察的14天。在这个连爸爸妈妈半百人生都未经历过的非常时期。你表现出来的淡定、自然、自律、自信、自强并且超乎寻常的隐忍、克制和懂事，以及对爸爸默默地理解与体贴，呼 —— 长长的、从未有过的一口呼吸，请原谅爸爸此时此刻已不愿意控制的眼泪和不坚强！ …… 非常时期，非常感受，非常思考。这段时间以来，我和妈妈总是在交流一个话题，或许是条件反射的缘故，我们越来越关注你的点滴变化、一举一动。似乎希望你一直都是积极的，一切都会更好！但是却或多或少、或早或晚地忽略了你正在真正成长的价值力量。就是你的心智润物细无声般地健康发展，以及你越来越独立的思维方式和能力，特别是你雷打不动的善良、善良、还是善良！再加上渐

四、生命旅程

渐显现出来的幽默和智慧，也正因为是这些可能连你都未必如此敏感的用心、努力、付出和坚持，不知道已经给爸爸妈妈减轻了多少身体和心理的压力与负担，也才有了我们一家三口今天历尽艰辛、有惊无险、平安顺利回到中国的幸福时刻！所以，我们还有什么必要去吹毛求疵你的自然成长；我们还有什么资格去苛求你成长的完美；我们还有什么理由不去给予你渴望成长的宽容与理解！

乖乖，其实你知道吗？是你，让爸爸妈妈重新心甘情愿地成长了一回！所以，爸爸要感谢你！爸爸可爱的乖乖、暖暖的小棉袄（爸爸正在会心地笑着、享受着……）。

人生思考　珍爱生命

俗话说，五十而知天命，就更别说已经奔着六十去的人了！在半百有余的人生中，也算是经历了大大小小不少的大事；甚至是当年那轰轰烈烈的"文化大革命"，我们也算是在懵懵懂懂中"赶上了"。

接着就是坚决地打倒"四人帮"反革命集团。酷爱画画的那点小特长还真的派上了大用场，设计并画制宣传大字报。工农商学兵举着大大的拳头站成一排的雄壮画面，此时此刻依然是历历在目、栩栩如生。那时的收获就是如此的简单而干脆：只要你照着抄、照着写，照着说、照着做，你就是先进的革命分子、就是个好孩子！你就可以活得、过得酣畅淋漓、自由自在，而这一切的好处和代价就是你不需要"思想"，且无须伤精费神，但同时也不会有任何别的收获！

一晃二十多年过去了，不知自己成熟了多少！2003年赶上了"莫名其妙"的"非典"，很快就开始在全国蔓延开来。首都北京率先成了"重灾区"，我们一家正好无意中"躲"到了始终都没有病发的云南老家春城昆明，即便如此，每天也是过得忧心忡忡，毕竟对于我们中国来说它绝对是一场刻骨铭心的磨难！

或许是文化，又或许是人性的原因，人们往往只有"死到临头"的时刻，才想着要去抓住那生命的"最后一根稻草"；或许才不得不去自我反思、寻找首先来自自身的原因，而不是一味地抱怨和推卸责任。这次突如其来且又来势凶猛的"新冠病毒"，再一次用全世界无数无辜生命的代价，给全世界敲响了最沉重的生命警钟！人们也又一次地感受与体会到了生命的可贵，在大自然与灾难的面前是多么的无助和渺小！同时也不得不去为可能是人类、人为、无知或肆无忌惮所犯下的罪恶买单！

难道还有什么比生命更重要的吗？痛定思痛！必须反思、反省！必须从灾难中深挖首先来自我们人类自身的根本原因；同时还要从中找出这些原因所产生的条件和背景；更要从反思、反省后所获得的经验与教训中，从此重新建立起我们的理性、自律与足够的人文修养！

虽然我们不能百分之百地把每一件事做好，但是我们却能在做每一件事的时候，做到百分之百的用心。不是推诿，更不是抱怨，而是一种根本的改变。改变的不仅是我们的思维与意识、习惯与心态，更是我们从小处着手、面对困难与灾难时的态度。

写到这，我正好想起从朋友处看到的一个小故事，或许对于今天的我们会有所启发：曾经，有一只骆驼在炎热的沙漠里长途跋涉，又累又渴，边走边嘟囔，一会儿抱怨不能像牛羊一样尽情享受肥嫩的青草，一会儿又咒骂这烈日的酷热难挡。情急之下，它带着满腔的愤怒猛地朝前一踢，没想到它的这一脚却踏在了一块顽石上，瞬间，皮破血流、疼痛难忍！焦躁不安的骆驼突然觉得自己真是倒霉透了，当它下意识地又踢了一脚那块顽石时却又重重地划伤脚掌，只能一瘸一拐地朝前走去，从伤口流出的血迹引来了猎食动物……故事到此，它的结局完全可想而知：具有"沙漠之舟"美称的骆驼，永远地倒在了它熟悉而赖以生存的沙漠里！

故事听完，寓意深刻，值得深思……因为很多时候，我们又何尝不是这一只骆驼呢！以为世事皆在刁难，所以一直抱怨自己的不如意，觉得全世界都在与自己作对。遇到一点点不顺心，就开始心灰意冷，面临一丝丝挫折，就变得萎靡不振。殊不知，越爱抱怨，生活就越糟糕。抱怨本身就似一味毒药，它会消磨你的意志、放大你的沮丧，到头来一事无成，受惩罚的只会是你自己！

我无心，也无意去阐述什么大道理，而只是想通过这样的方式以小见大。与家人，特别是身边的孩子们一起分享，从平常或非凡的人生经历与境遇中，如何找到身体、心理与情感的平衡点。面对或大或小、或早或晚、或顺或逆的大是小非，都能够以平和、轻松的心态，做出正确、理性、独到和智慧的选择！

前途扑朔迷离　真情厚爱一生

大女儿飞奔回国时大家都在热议，似乎一家人温馨的假期才刚刚开始，要不是已经（刚刚）结婚了，就不用冒险赶回去了！

"明知山有虎偏向虎山行"，尽管我们所有人都完全理解了她的一份特别用心，最终毅然决然地支持了她的这次"壮举"，但我们还是着实地为她捏了一把汗！然而又看得出她那事先纠结不定的心，最后还是做出了真诚而坚定的选择。我们也因为她的这份最真实、最朴实的爱与责任倍感欣慰和自豪！因为她已经有了敢于和愿意担当的勇气，还有了替人着想、始终坚守善良、无私选择的动力。特别是开始显现出对家与爱、责任与付出，深刻理解后主动承担的积极变化，这就是成长的意义、这就是成熟的价值！

就在大女儿历经30多个小时的辗转折腾，有惊无险地回到北京后不久，洛杉矶就好像被带着一种特定危险的阴霾，毫不留情地笼罩起来似的，开始让人嗅到了某种不安全的味道。一时间，所有的胡思乱想与矛盾杂念，一股脑地突现眼前，让人感到莫名其妙、不可思议和愤愤不平！

因为美国疫情爆炸现状的"无理由"和无理，就这样，无独有偶、节外生枝，已是被迫无限延期的寒假又被新的不安氛围所笼罩。本是居家都难以安身的我们，特别是年仅14岁并已经受了不小磨难的小女儿，又被非裔男子弗洛伊德的惨遭杀害所引发的一系列美国国内的抗议示威与严重暴乱，给我们横加了一把时刻都让人担惊受怕的不安枷锁！

接下来的日子真可谓是昏天黑地、雪上加霜，难道是上天给予我们的一次刻意安排？特借孟老夫子之力来一回极限考验："故天将降大任于斯人也"，所以，"必先苦其心志，劳其筋骨"，让我们在"生于忧患"中切莫"死于安乐"，真真切切地去体味和感悟其中，任何的忧虑祸患能使人真正的生存与发展，而如果是安逸享乐或安于现状，那必将使人一步步地走向灭亡的道理。想到这些时，似乎慢慢释怀了！

然而，接下来的问题就是寻求尽早安全回国的路径与办法。直航停飞、只能转机、安全隐患、不定因素、票价高昂、一票难求、寻门无路、一片混乱……人生从未遇见过的难题、障碍、困难、麻烦、无助、无奈、困惑、焦虑、不安，甚至是愤怒，一股脑地扑面而来，让人颓废、绝望，透不过气来……

就像法国著名诗人彭沙尔诗中所说的一样："有爱慰藉的人，无惧于任何事物，任何人！"就在那个身陷囹圄一般的关键时候，亲朋好友们纷纷伸出了爱的援手！有的是知根知底、由浅入深地体贴安慰，三天两头一个视频，并用家乡的米线刺激你的荷尔蒙，你的心中渐渐地春暖花开；有的是气宇轩昂、凌云壮志般的为你鼓舞打气，恨不得让你从低迷中马上腾空而起；有的是海阔天空、天马行空般地在谈天说地中润物细无声般地转移你的视线，从而让你走出压制已久的苦闷与焦虑；有的是谨小慎微、坦诚一片地面对着你，等着你向他（她）发出一切需求的信息；有的是已经早早地就"跑到"了你的前面，替你把接下来可能遇到或出现的一切都淋漓尽致般地为你做好了预先的研判和准备，让你渐渐地舒缓和踏实下来；有的是直截了当、没有余地地明确表达出，只要能尽早回来，费用不是问题，再高昂的票价我们来负担，都不让你有任何思考与怀疑的机会；有的是未雨绸缪、粮草先行，提前就把用于可能的所有支付条件，包括对人民币和美金在内的现金紧急需求，以及自己和亲朋好友的所有信用卡，一应俱全地摆在了你的面前，让你想有一丝的不踏实都不可能；有的是简单明了地直接提出，要不干脆打一笔钱到你的微信里，以备

别把孩子带『歪』了

不时之需；有的是打破常规、放下身价，开始调动所有可能调动的一切资源，想方设法、竭尽全力地为你谋求"出路"；有的是一夜之间因你而成了职业的"票贩子"，将天下与你有关的所有机票信息一网打尽，便于你在那票的海洋里尽情畅游、大海捞针；有的是因工作性质特殊而家都顾不上回，还在不辞辛苦、不厌其烦和不遗余力地努力着，为的就是一份虽许久不见，但却依旧朴实如初、真诚之至的师生情谊，直到把老师你一家快速安全地送上回国的飞机，至此，我激动而感恩的心情波澜起伏、难以控制……

平静下来，我一直在想，想了很久很久……到底人这一生什么才是最重要、最宝贵、最有价值和最值得珍惜的？答案其实是如此的简单：真情和厚爱！仿佛就在那短短的一分钟、一小时和一天里，让我（们）遇见了这世界上所有的好人！其实我懂，你（们）已是我（们）生命中那一道永远最亮丽的风景！

幸福死了，因为有你（们）！

我们的"惊魂25小时"（上篇）

只有在电影大片里才能看到的刺激场景，竟然也可以降临到我们的现实生活中来，反而是更加的刺激和精彩。只有发生在文艺作品里，一位位主人翁身上的传奇经历，毫无悬念地被复制到了我们的身上，依然是那样的炫酷和惊险。然而，现实版的属于我们的这一切，比起任何火爆的大片，才是最真实、最真诚、最真切和最真心的写照！因此也就更贴近现实、更亲近你我、更走心、更精彩！

多年往返于北京和洛杉矶之间，飞越太平洋的感受已经成为心理常态。12个小时左右的飞行似乎已经没有了时间的概念，不折不扣的长途旅行，也只不过是睡梦一场，司空见惯后的旅行体验也随着时间的拉长，而在各自的心里也涂抹上了不同的颜色，慢慢地开始铭刻上属于自己的那份情感痕迹，留作自己老了以后的片片回忆。其实，说来说去、思来想去，人生，就是一次酸甜苦辣、喜怒哀乐、应有尽有和五颜六色的旅行。

加州灿烂迷人的阳光，早晚清新凉爽的沙漠性气候，1号公路太平洋西海岸涛声依旧的无限风光，一片片诱人而浪漫的金色沙滩，千奇百怪、林林总总的沙漠性植物，五颜七色、长开不败的撩人鲜花；还有那具有典型娱乐与文创符号的迪士尼、环球影城、好莱坞和美丽军港圣地亚哥；以及让无数男女老少倾倒的NBA；等等，等等！而这无限的心理与情感体验与诱惑，竟在那一夜之间被无情地摧毁。一切的美好与记忆瞬间荡然无存、挥之而去，剩下的就是酷似惊慌失措般的"胜利大逃亡"！

只有经历了一票难求的千难万难与心力交瘁之后，才能真真切切地体会到，什么叫作"忽如一夜春风来，千树万树梨花开"的那份喜极而泣般的狂喜和不能自拔。然而，终究成行并平安才是最终的心愿和目的！虽然已在喜悦与满足中做好了出发前的所有准备，但是依然是难以平复马上就要回家的那份难以言状的激动与感恩，以及对将要展开的非常旅行的应想尽想。

出发

轻松又沉重，带着对生命的一份深深的敬畏；带着对尽管被伤害过的情感的一种不甘眷恋；带着遗憾与希望我们终于可以出发了。上车前，一家三口就戴上了朋友早就寄来的N95口罩，或许是昨夜大女儿反复的叮嘱，或许是归心似箭的难掩兴奋，平时连薄薄的医用口罩都戴不住的小女儿第一个就妥妥地戴好了，乖乖地上了车。

所有的细节都显得那样的生动和明亮。然而，这也仅仅是防护武装的第一步。当朋友的车奔驰在已是久违的高速公路上时，似乎历史与记忆被重新地翻了一页。眼前的一切仿佛都变了、变成新的一样，与朋友久别重逢后的欣喜与神聊，让我们都忘记了时间与距离，忘记了曾经与现在的烦恼和忧郁。就在下车后相互道别的那一刻，仿佛生命与生活重新开始了一样，心中瞬间充满了无限的希望和各种滋味！

进入久违的机场

带着隐约的神秘感我们轻轻地走进了熟悉而陌生的洛杉矶（B）航站楼大厅。原以为提前五个多小时到达的我们能够当上一回"先进"的积极分子，殊不知我们也只能排在了队伍长龙的腰身。口罩、眼神、动作与神情，这些在往日平常里都不会被在意的细节，却已经在不知不觉中，联合释放出了一种阴冷的紧张气氛，时而会让人在战战兢兢中不知所措、魂不守舍，并开始时时刻刻地提醒着人们，小心、小心、再小心！随着自我调节和一家人的积极互动，一颗紧张已久的心开始慢慢地平静一些时，一个亚裔模样、长相有些干瘪的中年男子，没戴口罩且从我们身边经过时的那一声咳嗽，瞬间又让我们的神经重新绷紧起来。心想，难道你不怕死还想拉上垫背的吗！使得才戴上N95口罩不久的我们，突然间变得呼吸不畅起来，毫无疑问，这很大程度上是心理性反应所致。为了不加重紧张的氛围，我很快就把话题转移到了一定会让她们娘俩兴奋起来的事情上。比如，一回去我们就可以尽情地享受到我这个云大厨的独门手艺，以及一放暑假我们就可以立马杀回昆明，去狂甩张叔叔亲手为我们专门烹制的"豆花米线"和他那拿手已久的"臭豆腐小锅米线"。听着，都已经是口水哗哗哗……谁又怎能不为之心动呢！

等待值机（行李托运）

刚刚那有惊无险（其实未知）的一幕，让本来就缓慢前行的等待变得愈加的难耐。加上从未有过的前置性程序："健康码"认证，又使得值机的速度变得越来越慢；再加上还有几个因为"健康码"问题，与工作人员一通纠缠的人，给本来已经是惴惴不安的郁闷心情又平添了不少的压抑与不安！经过一个多小时漫长而痛苦的等待，终于在疲惫与恍惚中通过了第一关。接下来等待着我们的又将会是什么，我们也只能拭目以待！

我们的"惊魂25小时"（中篇）

忐忑不安、准备过关

由于行前听到各种传言，对于即将面对的下一关：美移民局安全检查，我们还是心存诸多的猜测与不安。

刚刚到达二楼海关大厅继续排队前行的时候，本是"司空见惯"的缉毒犬却显得格外的不同，在每个人的身边一圈一圈认真地嗅来嗅去，首先就给你来了个实实在在的"下马威"。尽管这只是一次十分短暂的惊吓，但对于时刻绷紧的小心脏也是一次不小的考验。因为敏感、因为无法预见、因为已是心力交瘁，如果说不幸中还有一次所谓的万幸，那就是除了X光机有惊无险地复查了一回我的行李（或许是充电器之类的东西）外，我们还是顺利地出关了，一颗已经悬了很长时间的心算是平静落地了！

走向候机大厅

刚刚有所舒缓的心情马上就被眼前的一切又重新打乱了。昔日琳琅满目、热闹非凡的大大小小免税店，空气中弥漫着的阵阵咖啡飘香，中西合璧、各式各样的特色快餐，来来往往、各种肤色的人群，以及五颜六色、光彩夺目的广告展示……都已经变成了今天的一片死寂。整个大厅变得鲜有人气、冷冷清清，只剩下了两三家孤独冷清的纪念品店。往日著名的LAX（洛杉矶机场）亮丽风采，已经被疫情笼罩下的寂静、紧张与无情所代替。

无论是前往登机口的，还是迎面而来的，所有人都规规矩矩地戴着各式各样、五颜六色的口罩。特别是穿戴密闭的几个年轻人（一看就是中国人），似乎在向我们发出着紧急的信号：马上就要进入"阵地"了，赶快"武装"起来吧！瞬间，心领神会！我们迅速找到一块儿净地，找出余下的装备，三件朋友替我们准备好的"防护衣"（半开放式），三个事先在Hmart（韩国超市）购买的"防护罩"，一家三口非常默契地相互帮衬着，很快就"全副武装"了起来，彼此仿佛已经不认识了，怪怪的、各自的心里都一定在暗暗地自问着：这是什么呀？这到底能干吗？难道我们是星外来人？

确实是，要不是这当下要命的疫情，这一辈子都不会把自己装扮成这副模样，不伦不类、稀奇古怪、神经分分的，已是几个小时的不吃不喝，又突然地加上了一道半透明的"防护罩"，这下算是将你彻底地"与世隔绝"了，接下来的滋味也只有自己才能默默地感受了。

候机

人间最长情的等待或许是长时间的奔波与疲惫，加上近一段时间以来很少的睡眠，和已经被N95口罩闷憋了四个多小时的奇迹，所以当我们拖着沉重的步伐抵达59号登机口时，眼前已是只能看清楚口罩的浑浑一片，与以往候机时不同的是大家疲惫与凝重的神情基本上都是一样的，而非以前的轻松与自在、慵懒与安逸、随便与得意的状态。

当刚刚坐下来相互又一次怪怪的对视时，一位稍胖的、身着制服的中年妇女手拿着一张A4大小的纸走过来低声地说：老先生（看来真的是老了！），你们是一家吗？请扫码后填写一下这两个表，登机前要检查。原来我们已经连续填了20多天（连续14天即可）的《防疫健康码国际版》也才是第一关，后面还有诸如此类的系列登记在等着我们呢。为了在登机前不因任何的差池而在阴沟里翻船，我们马上打起了精神，一鼓作气地完成了《健康申报码》和《入境旅客信息登记卡》的填报。至此，我历史性长长地舒了一口气，最轻松、最彻底、最畅快和最寓深意的一口气。

似乎这口气呼尽了承受和压抑已久的所有郁闷与不甘，又同时沉下了从此以后对未来的一切美好和希望！"抱歉地通知您，由于疫情的原因我们不能按时登机……"广播里传来了一个带有中国南方口音的女声。瞬间又打破了一时的宁静，让心潮又涌动起来，习惯了航班晚点的我们，这个时候却是异常的敏感与警觉。

难道是从国内过来的航班上出现了"疫情"？还是飞机检测出了与疫情有关的什么问题？一个个坐立不安地走向工作台试图

打探的人，看来也都是无功而返、垂头丧气一般，看似这样不是问题的问题，它却会给已经是承受不起、焦虑已久的心理，造成一道道不深不浅的划伤，让人隐隐作痛。又一次面对如此的精神冲击，已经无奈、无能和无力的我们一家三口，也只能是静静地等待、假装闭目养神……

我们的"惊魂25小时"（下篇）

史诗般的登机

"各位旅客，CA988航班现在开始登机！"这被期待已久、并不大的声音却响彻了整个候机大厅。几乎就是在几秒钟的时间内，分前、中、后三个段位，已经就各自成队、排列整齐、待命出发了。这简直就是军事化训练下的一次"快闪"行动。这掩藏背后的原因与理由是可想而知、不言而喻的。那种就要如释重负后的狂喜与轻松，以各式各样、五彩缤纷的表情和方式，犹如五颜六色的花瓣洒满了一地。相信此时此刻每一个人的内心都在欢欣雀跃着、久久不会平静！

当踏上这架带着中国国际航空公司鲜艳标识的CA988航班飞机的那一刻，心跳突然停住了！一股暖暖的热流瞬间流遍全身！上了这架飞机，就相当于踏上了温暖而神圣的"国土"，就等于回到了家、回到了亲爱的祖国！这种异样、特别、奇妙和非同一般的感受，也只有经历过的人才能触摸、才能体会！在飞机门口处与全副武装、身着专业密闭服的空姐之间的一个对视、一个点头，都让你能够在一瞬间感受到无比的亲切与温暖！

幸运的是，我们的座位被安排在了比较靠前且是同一排的位置，我与小女儿紧紧相连，妈妈与女儿也仅仅是隔着一条窄窄的过道。因为几乎没有什么随身行李，所以很快也就落座安定了下来。原以为出于安全防控的考虑，飞机上不会有太多的人，就像我的好友夫妇俩三月份从纽约飞上海时，说是他们的前后左右都是隔着一排或一个座的。当放眼望去时却已是座无虚席，或许是因为绝大多数人都做了一定或特别的安全防护，所以空间也就显得更加的拥挤不堪，要不是对飞机上因人员密集而使空气浓重，可能会带来被感染风险的有所担心外，其实我们已经是非常的知足和感恩不尽了。在那样极度紧张和困难重重的情况下，我们一家三口已经同在一架飞机上，而这一事实必将永远地深刻在我们的记忆里，成为我们今后回味和感恩一生的幸福源泉！

这次特殊的旅程与过去根本性的不同就是，所有人不仅不会与你的"左邻右舍"打招呼，而且还会避免有任何的接触。如医院里专业防控医生一般的空姐、空少，也只能用一不小心就可能听不清的嗡嗡声音，以及在防护镜后面躲着的那一双频繁转动的眼睛，在和同样紧张而情绪低迷的乘客，进行一点儿必要的交流（绝不是省事，是避免过多接触）。

飞机起飞不久，机长在寒暄了几句之后，便刻意地告诉大家："我们的飞机在临近国内之前，会由于气流的原因，可能有较大的颠簸。"这样的机上广播要是出现在往常的飞行中没人会在意，但是在这样一个极其特殊的背景与环境中，就好似一枚小小的"定时炸弹"，让大多数人开始胡思乱想和不安起来！然而更巧的事儿发生了，飞机出现了第一次颠簸，尽管不大、时间也不长，但还是让人惊出了一身冷汗。真是俗话说得好，怕什么偏来什么。飞机平稳飞行了一个多小时后，已是迷迷瞪瞪的我突然被耳边的一种特别声音惊醒了，睁眼一看，一位全副武装的空少手中拿着一只体温枪，正在跟我身旁的小女儿说着什么。出于特别的敏感，我赶紧追问到底什么情况？原来是他刚才测出了女儿的体温是：37.3！一个让人简直不敢相信和胆战心惊的数字！从未有过的惊恐、紧张和后怕一瞬间就将我打入了绝望的深渊，一股冷汗顺着我的后背立马从头凉到脚，似乎让人最担心、最不能接受和最不愿面对的事情，竟然发生在了我（们）的身上。如果是真的，那将意味着什么？完全不敢再往下多想一步，哪怕是一点点！

　　片刻之后，我强制沉着冷静等着这位突然让人十分惧怕起来的空少接下来的表态。万万没想到的是，他带着些许安慰的"缓冲"一语立刻让眼前有了一丝光亮："先别急，也许是孩子长时间戴着口罩和防护罩又一直没喝水，所以憋得难受而发热。我们会在飞机落地前再给她测两次体温，到时如果真的发烧了，那就必须按规定马上把她送到指定医院去。"从此，我便没再合过眼、打过盹，所有的注意力开始全部集中到小女儿的一举一动上。带着万分的侥幸和不得不强装的镇定，和女儿一边聊天、一边一起摆弄着眼前电视屏幕上的飞行地图，共同指点并盼望着飞机能够早一点到达。过了大约一刻钟，已是迫不及待的我，赶紧用右手手背贴了一下小女儿的脖颈，似乎没有什么异常的感觉一下子让我暗自窃喜。在接下来的时间里，我时不时地就这样操作着、重复着……我的心也只能是在这样一个特别而非常的过程中慢慢地舒缓着、释放着……

　　最终，超能而不可思议的小女儿用强大的魔力和最牛的事实，诠释了那惊魂一路的梦幻与真实！13个小时的飞行，为了全程万无一失我们坚守了生死承诺：绝对不摘口罩和防护罩！

13个小时的飞行，挑战着身体与心理的极限，全程不吃不喝！

13个小时的飞行，我们亲历了人生的非凡与不可能！

我们的"惊魂25小时"（续篇）

终于落地

航线、高度、风向、风速、载重……不知道是什么原因，一段几乎是固定的航程，这次却飞出了最长的时间：13个多小时。所以使得本来就痛苦难耐和担惊受怕的飞行，又叠加进了沉重的身体和精神负担。

飞机落地了，悬着的心也落地了，无数个家庭安心了！飞机落地了，心中的石头也落地了，每个人都踏实了！虽然已经是"脚踏实地"了，但是空中近14个小时的惊魂似乎还未定，尤其是那满满一飞机"抗疫战士"编织出的，史上最别致、最怪异、最无厘头的那一个个可以永远留存到记忆中的特别画面，一直如影随形地回放于眼前。

飞机上那几个婴儿此起彼伏的啼哭声；也不知是几个分别坐在哪里的成年人，似乎偷偷摸摸被克制出来的咳嗽声；好像还有几个坐立不安，一直在过道上来回走动的男男女女；再就是把空姐呼来喝去的那一两个神人志士，这一切都仿佛在提醒着我们什么……

但是不管怎样，还是落地为安。因为在飞机上长达十几个小时完全没有运动，所以下了飞机进入到机场大厅的那一段路，我们基本上都是深一脚浅一脚地试探着，偶尔小腿还会不受控制地打个软儿；再加上时差的作用与影响，也不知道我们在地面工作人员的引导下，在昏昏沉沉中走了多长的一段路……然而，对于过程中几次身份的审验与登记，我们倒是记得清清楚楚，就怕节外生枝！

看着身穿专业防护服的工作人员的庄严，特别是看到他们的前胸或后背印着：国旗与爱心以及"祖国欢迎您"和"欢迎回家"的字样时，突然间就让我联想到我们刚刚离开的美国！究竟是凭什么拿着一个个自己国人的生命，肆无忌惮且若无其事地开了一个名副其实的"国际玩笑"！在同一个问题（事件）上不同的态度与选择，似乎可以在明显或强烈的对比中找到某种或一些答案。

当排着队开始在一个个进行采样和检测的时候（从未有过的体验），渐渐舒缓的神经一瞬间又被绷紧了！一方面是绝对不希望，在我们的同一架飞机上有任何一个被确诊的"战友"；一方面真的是希望，我们自己的检测结果一切正常。带着忐忑不安和胡思乱想的心情一步步走近，那一无所知和从未经历过的检测点；又带着矛盾重重和心存侥幸的心理一步步离开，那让你不敢想象和令人敬畏的检查点，让你的心思始终都无法离开对检测结果的猜测与渴望平安无事的祈求。

当前两批人被工作人员陆陆续续排队带走，可以出去乘车并取行李时，继续等待中的我们又开始坐不住了。因为无法知晓接下来可能又会发生什么，比如检测结果是否会出现异常什么的。刚刚才在飞机上经受了女儿突然"发烧"那惊魂的一幕，难道现在又要接受近乎让人绝望的生死考验吗？超长时间的折磨与煎熬，已经容易让人产生幻觉了，真的不知道我（们）这可能一碰即碎的心，到底还能支撑多久、承受多少？至此，我们已经在"全副武装"和没吃没喝的情况下，整整地度过了极其不平凡的

23个小时！

此时的小女儿脸上几乎已经没有了任何表情，剩下的就是还能够支撑着自己走进房间，摘下所有行头的最后一点儿余力了。作为父亲，我又怎么不知道？怎能不心疼！当面对着眼前已是模模糊糊的一切时，我又能怎样！因为个人永远都是渺小的！

随后不久，终于我们能够离开机场大厅，在那堆满一地的行李的海洋里，苦苦寻找着自己可能都已经忘记了的行李模样。或许是因为接机大巴（显然是专用）停靠的位置，让大家都以为我们即将进入旁边的那家快捷酒店，立马开始那不愿意去想象的14天隔离生活。殊不知我们最终先是在警灯一闪一闪的交警车后，又换成敦实冷酷的特警车的开道下，又行驶了三四十分钟后，才到达了看上去还有点儿诱人的"维也纳酒店（黄河道店）"，我们人生中一个非常特殊和重要的历史性节点！

一家人在不知不觉中，就被自然而然、理所当然地分离了。一人一个屋，不分男女老少（婴儿除外）。不能出屋、不能探视、更不能串门。从此，我们近在咫尺，天各一方，不能相望，至此，我们已经整整地经受了25个多小时的命运抉择和生死考验！一次人生非凡而不可复制的极限旅程终告一个段落！

当女儿摘下口罩的一瞬间，我简直就不敢直视！她那已经完全变形的脸让人无法呼吸！顿时我的双眼模糊了，从未有过的心痛直抵心底！回头一看，我们的情况也是大同小异，一生中永远不会磨灭的记忆！

如果不是身临其境、深陷其中，将爱与生命作为根本的力量驱动，或许我们已经成了历史中那渺小的记忆……敬畏生命、感恩经历！永远铭记真情与厚爱！

让我们回家

希望，总会给人力量！正在疲惫中孜孜以求写作的我，突然收到了"隔离点"发来的两个二维码，赶紧打开一看，是预示着我们就快要结束隔离，需要我们马上填写的两张登记表：《回程信息》和《回京人员信息》。瞬间，一种马上就要回家的仅仅是属于自己的那份独特的暗喜与兴奋油然而生！心中又一次掀起了欢乐的波澜，美美的、甜甜的……

突然间，北京疫情的大反转，又把我们打回到了这酷夏里的寒冬。眼看着还有三天的时间我们就可以彻底地解放了，就可以回到阔别已久的北京的家，一种从未体味过的温暖滋味已率先涌上心头！然而，当活生生的现实突然又开始变得冰冷的时候，就会迫使你不得不回到理性与不甘的矛盾之中……难道说我们之前所经受的一切磨难与煎熬；难道说我们事先在没有任何防备的情况下就被天灾重重地一击；难道说我们一次次面对祸不单行、雪上加霜的反复折磨；难道说我们，特别是才14岁的小女儿不得不直面生死的严酷考验与极限挑战；等等等等，这些还不算是对我们最直接、最真实和最无情的一次终极考验吗？

虽然在这五月有余的时间跨度里，我们经历了人生从未有过的，非凡而近乎让人绝望的一次次生死挑战。但我始终是以一颗积极向上和勇往直前的阳光之心，在鼓励、温暖和影响着我的家人！可以非常负责任地说，就是到了现在这个风云突变、扑朔迷离和难以忍受的关键时刻，我依然没有在她们娘俩的面前叹过一口气！但是，坚强并不等于要彻底放弃思想的底线！

从国内去到国外，又从国外回到国内，我们跨越了超时空的

四、生命旅程

无限概念。正因为我们亲身听到、看到和体验了，近半年来这世界上所发生的一切一切，所以我们无不对国内成功"抗疫"，并取得的令世界瞩目的一切成就深深地感到无比的欣慰与自豪！但是在这无限的激动与感慨之余，一个个矛盾或不解的问题，却开始环绕在我的脑海周围并久久挥之不去。

对于一个个国人和家庭来说，尤其是当要或正在面临灾难或严峻的考验时，每一个个体（家庭）毫无疑问都是十分渺小的！他们都无法承担起超越自身能力和极限的事情，就像现在的"脱贫攻坚"需要组织和国家的帮扶一样，面对如今世界性的疫情防控工作，我们已经或正在具备越来越有效和科学的防控措施与制度保障，这一点全世界有目共睹，值得大力点赞。

只要以"一竿子插到底"的必胜信念与决心，把任务与责任从头落实到尾，进一步完善治理结构和系统，不留问题的死角，不给这个难缠的病毒有任何一点的可乘之机，在不久的将来，我们就能够全面赢取这次"抗疫"斗争的根本胜利！

即将胜利在望的我们，仿佛浴火重生一般，跌宕起伏后的风平浪静，无疑成为期待已久的一种美好心境。五味杂陈、百感交集的复杂心情也随着时过境迁，慢慢地从期待走进了迫不及待。一方面在压制着情绪的爆发，以免乐极生悲。一方面又心怀着感恩的激动，以表深深敬意。

还没有来得及收拾起就要回家了的那份喜悦心情时，北京疫情严格管控级别的再次升级（没有任何异议），却似一瓢冷水，突然地浇灭了心中希望的火种。原来家人开车来津迎接的计划也就变成了难以实现的空想。拖家带口、拉着大箱小包的去赶乘高铁，又唯恐这已经是最后的"一哆嗦"却会节外生枝地在"阴沟

别把孩子带『歪』了

里翻了船"，那将是何等的得不偿失和追悔莫及啊！

为什么！回家的路会变得那么的艰难和坎坷！也不知道像这样我们还要走多久？面对一波未平一波又起的不定局面，我们能够承受的已经达到了自身的所有极限！甚至都已经不敢再去想、哪怕是那样的一点点，接下来的我们又将会遇到和发生什么……

无论回家的路有多么的艰辛和漫长，又哪怕是荆棘密布、危险重重，我们都要回家、都会回家、一定回家！

时间让你看清自己

当你身处静静的湖边时，打动你心田的不仅仅是她的宽阔与宁静，一定还有她那清澈见底的深邃和透亮！因为你从来都渴望着，那湖光山色一般心心相印，所以也才有了"烟波不动影沉沉，碧色全无翠色深"，如此恬静优美的好诗句！

天下任何一种东西都要经历一个从生长到慢慢成熟，直至瓜熟蒂落的自然过程。无一不被时间拉扯着、眷顾着、滋养着……美国夏日里那诱人馋嘴的大樱桃、北京冬日里藏在绿皮外衣里的"心儿里美"（萝卜），哪一个不是因为时间催熟了它们、浸红的它们。一棵小树苗，在时间的浇灌下渐渐地长成了高俊挺拔的参天大树。一坛待发酵的粮食，在时间的陪伴与呵护下，便会流淌出飘香四方的浓浓佳酿。

时间，看不见，也听不见，但它却像江河一样不停地流淌着、一直向前，冲刷并记忆着世间的一切运动和变化。试图想一把抓住时间的我们，却往往又被时间掌握着，难逃它的束缚。我们每个人都拥有着属于自己的那份时间，或长或短，各不相同。但是有一点是一样的，那就是在各自不同的时间里，都一定会生成某一种结果（或成果）。比如习惯、个性、品质和价值观等。时间，就在这相同与不同之中，并不受任何左右的履行着它公平与不公平的使命。

　　在这次突如其来的深重灾难中，随着时间的流逝，一个个无辜的生命被剥夺着。我们一家也被无情地困在了美国，一个疫情正在蔓延的国度里。所以也就有了大把的时间，让你去胡思乱想（其实很认真）、天马行空。但是如果稍加归纳，凡认真思考的"主题"，基本上还是集中于"人本身"上。其实，这也完全符合事实、经验和规律，先拿眼前的美国为例，随着时间的流逝，以及本届政府任期将至，作为反对党的民主党，甚至包括共和党内部的反对力量，在翻阅着时间的账本，一点一点地揭露着种种"罪"；以及一层一层地揭开隐藏已深的"老底"，越来越多的报道与传言基本都在共同指向作为一个超级大国的"底色"。相信随着最接近真相的"底色"不断地亮出，年底美国大选投票的风向也就会越来越明显，这，就是时间的力量与残酷！

　　再拿这次在危难中关爱和帮助我们的朋友来说，虽然他们分别以不同的身份和方式替我们考虑着、努力着、分担并辛苦着。但是有一点他们都是一样的，那就是他们所有的用心与付出的背后，都具有真诚、善良和无私的品质特征。也就是他们"人的底色"，都是光鲜、明亮、厚重和高贵的，所以，才会成就了我们这次的幸运与美好！

　　当然，我们也不乏能听到或看到个别的反例，如西方某某总统或某某名媛，都是因为他们掩盖并隐藏着的阴暗本性，即"人的底色"在时光的照射下，分别被拿下或从此淡出视线、销声匿迹。就像在不停的水流与时间的冲刷与磨砺之后，才会显露出一颗颗五颜六色和光彩照人的石头一样。有的人却没能经得起时间的考量，就算无论怎样或想尽办法地去粉饰和掩盖，也难挡本性与"底色"的原形毕露！

所以有句俗话说得好："林子大了什么鸟都有"。我们的这一生或许根本左右不了别人，但是我们却一定能尽全力做好自己。只要愿意、只要坚持、只要相信，时间，依然一分一秒的，以它自己的方式向前流逝着。

我们每个人从出生到死亡的时间又是不同的，就像有的人英年早逝，有的人却长命百岁一样。然而，我们又如何在对"一去不复返的过去""无法回避的现在"和"难以预测的未来"的认真思考与选择之后，把握住时间真正的价值与意义！让人生更加丰满、让生命更加精彩，让我们各自的"人的底色"厚重而光彩夺目！

在"隔离"的"云学"与思考中，习得的一句话直入心底，再次激励了我：有些人天生伟大，而有些人不得不伟大！（Some men are born great. Others have greatness thrust upon them！）

所以，尽管面对女儿们的培养与教育以及未来的发展与走向，有时也会出现困惑与不安。但是，我依然会坚定不移、坚持到底，那就是，在自己首先做好榜样的同时，静心地陪伴和全力地协助她们，努力打好一生的"人的底色"！去迎接阳光灿烂和无限美好的未来！

信念支撑起一切希望

2014年的夏天，与几家好友相约，我们选择了旅行的目的地：美国。一来是他们大多数都没去过；二来是正好探望在美做医学访问学者的挚友；再就是旅居美国二十多年的老友呼唤，充足的理由成就了那次难忘的欢乐之旅。但是对于我来说，1998年的一次短暂经历，至今，似乎还历历在目，一幕一幕地回放于眼前！或许就是因为时间久远的"第一次"吧！

那次二十多年前的旅行（美其名曰考察），初始的一件事唤起了一个特别的记忆。至今想起，依然是那么的神奇和不可思议！甚至还有一丢丢"浪漫"色彩！

当年我们是从北京飞到上海，并从那里出关的。由于大伙儿第一次结伴去美国的兴奋心情，早已顾不上什么辗转和折腾了。其实当时从家里出发的时候，我的身体就出现了明显的不适（感觉有点发烧）。然而对于正血气方刚、活力四射的我来说，一生第一次的远行就是美国，我又怎能轻易地就此作罢呢！

说是信仰，那还真有点儿谈不上，但是，一种不假思索的强大信念告诉我，小伙子，你没问题，你就勇往直前吧！就这样，飞机很快就抵达了上海，我们整个团队依然被欢天喜地的气氛包围着。也不知道是团长的关爱，还是出于责任的考虑，飞机再次起飞前，上来了两位穿着白大褂的女大夫，在给我量过体温后，带着一丝严肃但又十分和蔼的口气对我说："先生，基于您已是39度的体温，所以我们觉得您还是不要走的好，否则，您的身体可能难以承受，接下来就是长达十几个小时的长途飞行。""大夫、大夫！我非常感谢你们的关心和负责，但是我想跟你们说的是，我肯定没问题，我自己心里有数！我平时一发烧都是高烧，比这还高呢，体温表都挡不住（趁机有意地轻松一笑）！我的身体我还不在乎？如果您二位不放心的话，那你们就给我打上一针退烧针就好。"正说得来劲时我又拍了拍胸脯说，"二位看，我这身体多棒呀，肯定没事儿的！"

面对我如此的诚恳与执着和小小的"示威"，其实就是年少轻狂、誓不罢休的蛮劲，似乎她们也无话可说了（也许是不想再说了）。在给我打了两针柴胡又给了一小袋退烧药后，两位已经上了年纪的女大夫带着一丝无奈和异样的表情下了飞机。这个时候，伙伴们都用一种异样的眼光注视着刚刚如释重负的我。终于，大功告成了：成全了我的美国梦，一次完全未知而又无限向往的长途旅行开始了……

随后，我也因此而享受了一回打死也想象不到和无法想象的，不知要什么样的级别才能享受到的待遇。空姐把经济舱第一排中间的一整排（四个座），经过调整后都给了我。简直是一个头等舱里的头等舱，绝对的高干呀，紧接着，空姐又追加了两条毛毯，估计是想让我发汗备用的，并且全程将一杯杯的糖盐水不断递上。飞行中，还在不停地问寒问暖，体贴入微！从未有过的一种奢侈体验竟是因为一次意外的发烧而获得，那份绝对的自在与得意哪还顾得上什么发烧呀！

整个人都已经被沉浸在了那从天而降的幸福之中。或许是物极必反，这一路反而被闹得根本没有怎么睡，身体的不适，再加上兴奋、颠簸和胡思乱想，这或许就是"有一利就有一弊"的哲学道理吧，怎能还不知足呢！

每每想起或给朋友们嘚瑟这件事时，我基本上把那份完全不可复制的奇迹，完全归功于年轻并叠加上的精神力量！现在回想并联想起来，我们这次全球疫情暴发下的非凡经历与感受又何尝不是一样的道理。因此，对于我本人来说这两次虽显不同的经历，绝不是简单意义上痛苦与磨难的重复和叠加。也不是对我人生经验与感受的一般积累，而是要让我完成一次彻底而全方位的人生历练，尤其是拖家带口共同经历一次人性与心灵的洗礼，从而提炼并提取出自由与自律、放纵与收敛、紧张与松弛、索取与付出、卑劣与高尚、苟活与忘死的生命要素。从而支撑起波澜壮阔而又不失平衡的未来精彩人生！

人生这一路，总有人要贪图捷径和短利，然而真正理智而通达的人，则是像曾国藩那样的，始终自省于一日于一生。而他常常自省后的自醒，又使他能够清晰地看清楚自己的不足与错误，并在不断的经验与教训的吸取中屡获成功。

正如《警世通言》中所道："势不可使尽，福不可享尽，便宜不可占尽，聪明不可用尽。"以及杨绛先生所悟道的："保持知足常乐的心态，才是淬炼心智、净化心灵的最佳途径，一切快乐的享受都属于精神，这种快乐把忍受变为享受，是精神对于物质的胜利，这便是人生哲学！"正是所有这些经验、感悟与智慧的完美整合，才是能够真正支撑起一个人一生的，坚不可摧和所向披靡的坚定信念！陪伴生命的永远、永远……

思念父亲

父亲离开我们已经整整30年了。在这漫长的30年里，我从来没有停止过对父亲的思念！时间不仅没有冲淡过去的记忆，反

别把孩子带「歪」了

而随着光阴无情地流逝，回忆也变得越来越浓郁、深切！由于父亲离去得太早，与父亲相处得太少，所以每每想起父亲的时候，心里总是会泛起阵阵的酸楚和思念的层层涟漪⋯⋯

尤其是随着年龄的增长，特别是年过半百之后，更会不知不觉地主动去想，曾经和父亲在一起时的那些点点滴滴或隐隐约约⋯⋯甚至是从有记忆的萌芽开始，使劲儿地去想，为的就是想尽一切可能地唤醒更多、更细与父亲相处的珍贵记忆！尽管事后我竭尽全力地去努力了，但是依然弥补不了因突然痛失父亲，而给我一生留下的无限遗憾与自责！

2000年，在父亲去世10周年之际，我将父亲重新安置到更宽阔、更肃穆和更幽静的一块墓地（仅此一地），并为当时还健在的母亲留出了位置，同时也满足了母亲要与老伴合葬在一起的最大心愿！

几千枝布满整个墓地鲜艳夺目的鲜花，仿佛一枝一枝在替我向父亲诉说着："亲爱的爸爸，儿子想您了！"想得我已经无法控制、停不下来⋯⋯阵阵的花香就好似父亲露出的甜甜微笑⋯⋯那天，晴空万里，清风习习！穿过朵朵白云洒下的那一缕缕阳光，显得格外地亲近、温暖和灿烂！陪伴着我对父亲的深情厚爱和对母亲的依依眷恋！

2010年，在父亲离开我们20年的时候，我制作完成了深深纪念父亲的电视短片《走进远去的父亲》。

一来，想借着这样特殊的形式，留住我们和父亲在一起的那些短暂而宝贵的时光，同时又及时地弥补了我们对父亲了解和认识的不足与空白。特别是父亲生命中那些爱他的人，对父亲一生的动人回忆和深深爱戴，无不让我们动容、感恩！

二来，从此我们可以把父亲的高尚品质，世世代代地传颂下去，让子子孙孙都记住他们还有一个可亲可爱和伟大的爷爷、太爷爷和太太爷爷……更因此而感到无比的自豪与幸福！并以此激励和引导着一代一代的健康成长和美好发展！

父亲戎马一生，从抗日末期跟随我的大伯，上了日本人开往东北的火车（其实就是去做劳工），到发现被骗跳下火车后一起参加革命，历经了大别山剿匪、淮海战役、渡江战役等大大小小几百场战斗。从北向南，一路枪林弹雨，九死一生，脑袋里和左手腕中一直都存有未取出的弹片……

新中国成立后，从贵州转战调往云南（昆明），跟随陈赓校长（大将）创建了成都军区昆明陆军学院（昆明军政干校）。后来与母亲相识相爱成家，定居昆明。

我从出生开始就在这个广阔而神秘的，至今难以忘怀的部队大院里生活了近17年，一段永生难忘的美好时光……在这里度过了我人生最美好和快乐无边的童年，大院里的每一个角落都留下了我和小伙伴们无拘无束、无法无天和自由快乐的成长足迹。但是，因为父亲的身份和工作性质，我们兄弟姐妹的成长记忆中很少有父亲的身影出现，更多的是被一个个"解放军叔叔"所代替。尽管这样，也从来没有减轻过我（们）对父亲深深的爱！

到今天为止，每当我想起、提起父亲时，总是被一种难言的酸楚包裹着、困扰着，让我阵阵的心酸、心痛而难以自拔！一种停不下的儿子对父亲时时刻刻的思念与呼唤……

父亲一生朴实无华的生活作风，不仅让他赢得了部队里上上下下的赞誉和拥戴，还受到了母亲整个家族超乎寻常的尊敬和夸赞！更是为我们兄弟姐妹四人的成长，树立了让我们终生受益的光辉榜样！父亲的简朴、低调、真实、谦和与善良；父亲的坚定、执着、果敢、勇气与坚强；父亲的无私、大气、奉献、忘我与智慧。让我们看到了父亲的本色；让我们懂得了父亲的品质；让我们学到了父亲的力量！

我曾经无数次地和家人、朋友、父亲的相知，一次次回忆、一遍遍测算着我与父亲相处的时间到底有多少，到底有多长……结果却让人"胆战心惊"，不敢相信：一个月？三个月？……仅仅是屈指可数的片片短暂时光……

"树欲静而风不止，子欲养而亲不待"！尽管父亲晚年被疾病缠身，多有不便，但是也到了子女长大成人、儿孙绕膝和颐享天年的时候，残酷的现实却不再给我（们）孝敬和报答的机会，彻底地留下了我们一生的心痛！

父母如今都已经离开了我（们），都没有留下一分钱的遗产和一个字的遗言。却非常坦然、智慧和自豪地给我（们）留下了一份沉甸甸的、足以让我（们）一生受用的，这个世界上最弥足珍贵的财富：父亲和母亲平凡而伟大的品质与精神！

父亲！我最最亲爱的爸爸！您的儿子想您、爱您！从此，儿子再也不会吝啬思念您的眼泪……

美丽的舞者

我不擅长，也不喜欢什么"夸美"。但是，我喜欢欣赏和感受美！而这里我所说的美，是指心灵。因为这样，我也才有资格靠近、触摸到美。光鲜靓丽的外表只不过是一种包装，只是暂时的存在和一时的风光而已，唯富有内涵并经得起时间雕琢的品质方能芬芳四溢。

　　来往于中美之间数年，无论是寒假，还是暑假，都是处于常态"生活状态"之中。因此也就有了深入生活、体验当地风土人情的机会。特别是有利于进一步了解和认识美国制度与文化的一些习惯和细节，全面感受身处异国他乡不一样的心境与滋味。从而在有文化差异和观念冲突的情况下，去找寻我们的兴趣与爱好，思考我们的判断与选择。

　　长时间的熏陶与影响，或多或少地会改变我们原来对于一些"问题"的认识与看法。比如他们看似简单、机械的管理制度背后，却是严格执法与习惯自觉养成的综合结果；又比如，现实生活中所看到的事实是，当地的民众绝大多数都是友好和谦和的，有着只要见面就会打招呼的习惯，让人有一种特别的、说不出的舒服感，而不是我们以前常常会听到的相反的描述。其实，不管是什么时候、在什么地方，文明，总是一种好习惯，这一点对孩子的成长来说尤其重要。

　　一个人，1995年只身来到美国。来美前，在国内已经是一位非常优秀的青年舞蹈家，并且有着极佳的身材、气质与容貌，或许是因为有着共同的乡土气息熏陶，以及一脉相承的同族缘分，使得她所诠释的"孔雀舞"与杨丽萍的"雀之灵"真有着神奇的异曲同工之妙，就是今天的她随意舞动的一招一式，依然丝毫不减当年的靓丽风采。

　　照理说，仅仅凭着出众的专业与条件，她完全可以轻轻松松地允诺来自任何一个富贵与权势或任何一次极佳的诱惑，开启她在美国的自在又风光十足的生活。但是，令任何人都想象不到的却是，她毅然决然地选择了自尊、自重、自爱和自强，直到今天依然如初，让人敬佩不已。她和帅气的墨西哥裔丈夫，已经携手走过了近30个春夏秋冬，时间在变、时代在变，环境在变、条件在变，然而他们，却依然不变，真实如初。

他们共同创建的舞蹈学校，从名不见经传的一间小小的教育培训机构，发展壮大到今天整个洛杉矶乃至全加州知名的"馨悦舞蹈"艺术学校。创造了一个又一个的演出奇迹，获得了数不胜数的成就与奖励，赢得了业界从不吝啬的赞誉与推崇，更是得到了中国驻洛杉矶总领馆的高度评价和充分肯定。不仅为繁荣美国多元化的文化生活做出了贡献，还为中国优秀传统文化的积极推广奉献了自己的力量，真是可喜可贺、可敬可赞、可歌可泣！

但是，与之相对应的却是，他们一直都保持着一种简单、朴实、平和、充实的生活方式。勤俭持家、勤奋敬业、勤恳踏实、勤慎肃恭；他们善待每一个学生和每一位家长，他们始终在并不富裕的状况下坚持做公益活动；他们无论遇到任何困难都会坚决保住教学质量；他们从来不接任何带有低俗与铜臭的演出或活动；他们甘于自掏腰包也要去帮助需要帮助的群体或个人；他们每一个礼拜都要去教会奉献爱心，这一切如果不是亲眼所见，根本就不能想象，简直令人不可思议、不服不行。

都喜欢怀旧的我们，渐渐地已经从谈天说地、八卦四方以及热议我这个"云大厨"诱惑难挡的美食，转为对我们共同的过往和自己小时候的挖掘式回忆，从而去享受那份特别而独有的，最朴实、最简单、最原始、最真实、最有趣的快乐和满足，哪怕是过去发生在自己身上的所有糗事、烂事和不愉快的事，尤其是与父母短暂的相处以及对父母珍贵的情感，真是挖不尽、道不完、停不下。就这样，在不知不觉中形成的"中美神仙会"慢慢地就成了我们共同的价值追求。

然而，特别遗憾的是，由于美国疫情的不断扩散和蔓延，在万般无奈下，他们不得不暂时关闭了苦苦培育了二十多年的"馨悦舞蹈"学校。这个就连我们都难以接受的现实，他们又将怎样面对？如此重创，对他们无疑就是一次毁灭性的打击！但是，就在连我们都还在此不甘和沉闷的时候，更加令人不可思议的事情竟然发生了，突然让我们眼前一亮，感动不已！他们在刚刚因这次疫情而获得一笔数目不小的政府补贴金时，即做出了另一个平和而坚定的选择："我们正在做一个帮助流浪人口的计划，想用我们这次得到的钱，去帮助一些急需帮助的人！"好友如是说。此时此刻，我只有一口深深的呼吸，才能尽力地压住我这颗难以平静的心！

瞬间，我似乎彻底地明白了，为什么我家里的三个女人，当然老夫亦不能除外，那样看似毫无理由却又发自心底地爱她（们）、喜欢她（们）、亲近她（们），这不仅仅是因为六年来她（们）默默地、随时都准备着帮助我们，更重要的是她的文化、内涵、修养与信仰，以及她那高山仰止的平凡而高贵的精神与品质！所以，我要"玩命"地感谢这位美丽的舞者，我更要"拼命"地盛赞这位美丽的使者！

她，就是集老乡、同学、同事、挚友、知己和磁铁于一身的：王馨悦。

一生真爱

庚子伊始举家行

飞扬太平一身轻
正值一年浓情时
谁想新冠蔓不尽

鹤望兰香蜂鸟唱
门前老树喜换装
又是一年重逢季
兄弟姐妹喜欢畅

突如其来疫情散
世界不安掀风浪
禁足居家再宵禁
雪上加霜回家难

待到思乡欲归时
有家难回无路寻
一票难求断舍离
终得难忘师生情

一百五十八日夜
命运回转掐指间
二十五时不饮食
千回百转尽沧桑

回家的路漫漫兮

披荆斩棘誓不移

要问心路曾几何

真情厚爱一生亲

（回家了，女儿说，我们要记住在我们最艰难的时候帮助过我们的所有人！感动！这或许才是我们此行的最大收获！）

一切为了孩子

嘟 — 嘟 — 嘟 …… 隔离中突然收到不明电话，所以挂断，嘟 — 嘟 — 嘟 …… 同一个电话再次打来，依经验不是骚扰电话。一接，原来是多年前听我讲过课的一位家长朋友，因为另一个家长朋友向她求助，急着想加我的微信，不知妥否。一听又是"问题孩子"（此提法或欠妥）的事情。条件反射似的就答应了，何况在隔离期间，时间相对方便。很快就和这位求助家长建立了联系，互加了微信，预感到，"麻烦事"又来了。

"李老师您好！我是您的一位粉丝家长的好朋友，在不得已中打扰您了，实在是不好意思了！因为孩子教育的困惑，再加上疫情居家的烦躁，所以就觉得这日子快要过不下去了，正好在这个时候和好友聊天时提到了您，因为她对您的一种特别崇拜让我看到了希望，所以就恳求她能不能把您介绍给我。为了不耽误您太多的时间，我就直接报告我们的情况：孩子现在高一年级，疫情期间迷恋上了手机。一家三口，他爸爸比较忙，对孩子学习方面不管，他只是比较注重孩子性格方面的教育。我是学历不高，从小就很在乎孩子的学习成绩，有点强势。现在随着年龄增长，也在一点点改变自己的方式，可是最近发现孩子用手机有点不能自控，说什么都答应得好好的，也说一定要改正，可是只要拿起手机就完全不能自控了，孩子以前也是喜欢玩游戏，我只是控制不让长时间拿着手机就行。可是现在孩子长大了，我也控制不住了……"

　　以上就是这位求助家长发来的第一条微信，简单而直接、诚恳而充满信任，看过之后的直接感受就是同样的"一声叹息"！只不过是太多经历的又一次重复而已。基于职业习惯和恻隐之心，我马上给予了同情、安慰和鼓励。紧接着这位母亲又袒露心扉道："谢谢李老师的理解！实在是给您添麻烦了！我从小生活在农村，几乎是个文盲，参加工作后才知道没有文凭的难处，学历是后学的，现在在国企上班，所以孩子在学习方面，我是真的比较在意，又不会教育，只看成绩。孩子从小我就给他报各种班，尤其英语我是真的让他从幼儿园就开始学起，但是没想到现在英语是孩子最厌烦的一门学科，也知道自己对孩子不会教育，再加上性格又很强势，所以才出现的问题。"这就是这个看起来不怎么听话的男孩的母亲的心声。

　　其实，她的直白与坦诚已告知了我一切，这非仅仅是孩子迷恋手机这么简单。我马上"触景生情"般地联想到活生生的现实（现在），当麻烦与灾难突然来临的时候，似乎我们才真正地明白了一个道理：我们的教育初衷到底是什么？我们要教给孩子什么？或者说孩子从小应该培养什么样的能力或技能，才能适应成长中可能遇到的一切。就好比我们这次所面临的近乎劫难的遭遇一样，哪是什么分数与成绩能解决的，更不是什么从小听话与顺从就可以摆脱得了的。恰恰相反，在这种危难与残酷的境遇中，需要的并不是什么智力因素，而是智力因素之外的，基本素质培养与心理健康教育之成果体现。

说到这，脑海里突然跳出了艺术天才、智者纪伯伦先生的一段醒世之语，再次读过，或许于这位母亲、于我们都是一次觉醒或深受启发与教育的机会，就让我们共勉吧："你的孩子，其实不是你的孩子，他们是生命对于自身渴望而诞生的孩子，他们通过你来到这世界，却非因你而来；他们在你身边，却并不属于你，你可以给予他们的是你的爱，却不是你的想法，因为他们自己有自己的思想；你可以庇护的是他们的身体，却不是他们的灵魂，因为他们的灵魂属于明天，属于你做梦也无法企及的明天；你可以拼尽全力，变得像他们一样，却不要让他们变得和你一样，因为生命不会后退，也不在过去停留。"

反观我们的教育与现状，不能不说，我们确实已经到了该认真面对和彻底反思的时候了，否则就真的到了"亡羊补牢"都"为时晚矣"的绝地了；到时又由谁来为我们一代又一代孩子成长的不利或失败来买单。又有谁能够计算出因为我们教育的失误与失败，而彻底置误人子弟于不顾，给我们的民族与国家带来的不可估量的损失；又有谁最终敢站出来并大声地说："我来负责！"毫无疑问，谁都负不了，也负不起这个历史性的责任！

出于经验、方法和责任，在和这位母亲的两个来回又比较轻松的交流后，我们约定了待我们"隔离"解除回到北京后，再进行具体和细致的沟通与交流，希望他们能够共同尽快走出困境，还亲情、和谐、快乐、幸福于自然之中！

别把孩子带「歪」了

是什么在鼓舞着我

年初赴美前，荣幸地收到王老师亲自送来的，被季羡林先生亲切称为"张才子"的学生 —— 张光璘先生赠与我的著作《季羡林先生》一书。刚一拿到，便爱不释手，成了寒假美西之行的亲密伙伴，从此，似乎灵魂不再孤独。

其实，面对季羡林先生这样的大师，连小学生都算不上的我又何德何能可以企及。但是，季羡林先生的思想与精神却是可以触摸和学习的。

近几年来，我有幸拜读过一些有关季羡林先生的著作和文集，每每读罢，都有一种醍醐灌顶的震撼，尤其是先生那些朴实无华和深入浅出的人生感悟，一直都不绝于耳，深深地影响着我。我体会到从未有过的充实、兴奋和踏实，读、写、思、悟已成为日日伴随着我的一种习惯。

在隔离的日子中，总有一种无形的力量在敲打和支撑着我一直向前。所以，所谓的什么"隔离综合征"，孤独、寂寞、无聊，甚至抑郁，都是过眼云烟，完全与我无关。

季羡林先生坚毅而豁达的处世哲学即刻浮现眼前，"对什么事情都不嘀咕，心胸开朗，乐观愉快，吃也吃得下，睡也睡得着，有问题则设法解决之，有困难则努力克服之，决不视芝麻绿豆大的窘境如苏迷庐山般大，也决不毫无原则随遇而安，决不玩世不恭，'应尽便须尽，无复独多虑'"。

当你把这些无华真言烂熟于心、悟道于心时，它就成了一股催人奋进、势不可挡的无限力量。"隔离"生活虽然苦闷和压抑，让你会一阵一阵的慌张与不安，但是我被"隔离"的这特别的

14天，却是在读书和写作的充实中坦然度过的，甚至到了最后两天还真有点想继续独享这份独处的清静与自在，一时还忘记了隔壁与对面家人的存在。读书与思考会给人一种忘却一切别的存在的特别感觉，会在这种特殊的境遇中显得更加的浓烈和深刻。

当看到季羡林先生十年留德的苦难感受时，似乎又让我对自己所面临的这般处境有了新的体味，并增添了新的感悟。季先生曾经这样写道："我虽生也不辰，在国内时还没有真正挨过饿，小时候家里穷，一年只能吃两三次白面，但是吃糠咽菜，肚子还是能勉强填饱的。现在到了德国，才真正受了'洋罪'……挨饿这个词儿，人们说起来，比较轻松。但这些人都是没有真正挨过饿的。我是真正经过饥饿炼狱的人，其中滋味实不足为外人道也。"虽然有轰炸与饥饿交迫，但是季羡林先生却在读书与研究中得到了极大的乐趣。所以，季先生在后来的《印度古代语言论集·前言》又写道："机声隆隆，饥肠雷鸣，人命危浅，朝不保夕，然而我却是积稿盈案，乐此不疲。开电灯以继暑，恒兀兀以穷年，稍有收获，则拍案而起。此中情趣，诚不足与外人道也。"

这就是我们的前辈师者、文人大学士，在面对复杂环境与艰难困苦，甚至是大难临头时，所展现出来的人生态度和崇高境界。对真理的孜孜以求和信念的苦苦坚守让他在艰难与坎坷中继续前行，读书与学习让他在浩瀚的知识与科学的海洋里看到了希望和坚持的勇气，那我们今天所面对的这番经历呢？依然还是有着很大的不同，甚至性质的差异。

比起因疫情暴发所带来的恐惧和突然宵禁带给人的精神压力，以及归国征程的扑朔迷离、荆棘坎坷与痛苦煎熬，或许让我们感到更加纠结与伤感的却是从未有过的那份浓浓的乡愁，就像季羡林先生在他的《留德十年》中动情地写道："我一生有两个母亲：一个是生我的母亲；一个是我的祖国母亲。我对这两个母亲怀有同样崇高的敬意和同样真挚的爱慕。"这种非同一般的心灵感受和痛彻心扉的情感，或许也只有在你真正地离开、远去、思念和难回之后，才会有这般刻骨铭心和永生难忘的记忆与感悟！所以，我们要感谢这次非凡而特殊的经历，是它给我们未来的人生之旅添加了丰富的色彩和极其宝贵的财富。

我们还要感谢像季羡林先生这样的仁人志士，为我们提供了最真实的体验示范。让我们看到并懂得了什么叫作真正的信念与坚守；什么才是人生追求的方向与意义。然而，我们更要感恩他们所创造出的精神价值，所给予我们攻坚克难、永不放弃和勇往直前的精神支撑与力量源泉。

珍惜的价值与意义

中国有句俗话这样说，"在家靠父母，出门靠朋友"。或许是因为过去就没有出过远门，又或出门也未碰到过什么难事！所以，这句话其实也就成了耳边风，又或许是我从小就生活在部队大院里，除了曾经受到过共同的"历史冲击"外，应该说一直都过着比较安稳与自在的生活。至少对大院外的其他大多数同龄人来说，我们已经是很安逸和幸福了，所以必须得知足、更懂得珍惜才是。

如今，真的是此一时彼一时，风水轮流转。命运特意为我们安排了一次似乎是必需的"补课"，以现实般真实的力量让我们正经八百地体验一回，什么是"在家靠父母，出门靠朋友"的真正含义！特别要严肃地证明一点：这句话绝不是某一部分或个别人的"专利"，在这个真理式的经验面前一定是人人平等的，绝不会分什么高低贵贱，所以，我们这就算是"公平"地赶上了。然而，对于我这个算是久经沙场的老"战士"来说，当"战斗警报"拉响的那一刻，心里也是会七上八下、惴惴不安的。

从国内疫情的暴发到事态严峻，再从美国疫情的迅速蔓延到失控，又从非洲裔男子弗洛伊德惨死而爆发的抗议示威，到一发不可收拾的全美声援大游行，又再从不得不的"禁足令"和紧随其后的突然"宵禁"，到双边民航限令，再到美国单边的飞行禁令，无不让我们深感遗憾、无奈、紧张、不安，甚至是恐慌。

对于我这个已是没有了父母的"孤儿"来说，自立、自强也已经成为一种自觉和习惯，但是即便如此，当面对如此复杂的境遇和困难时，依然需要各路朋友及时与鼎力的相助，包括有形（具体）与无形（精神）的支持，"出门靠朋友"这样一句平日里再普通不过的口头禅，也就在活生生的现实中被体验得真真切切！

在你还没有想到或是还不知道怎么开口的时候，各路各色朋友早已各自在各显神通、急你所急、想你所想了。我这个在朋友圈里公认的生活"强者"，转瞬间也是被照顾得无微不至。一时间里哪还需要什么主意、打算和思想，剩下的只有欣喜、温暖、感动和感恩，甚至还有些洋洋得意、不知何云！

更让我们感到意外，同时又感动不已的是，所有朋友的关爱虽然各显神通却又各不相同，但是有一点是完全一样的，那就是他们的真诚与厚爱都是超前和"过分"的，远远地超出了我们的所想与基本需求，来势之热情洋溢、汹涌澎湃，让人一时难以承受和招架。仿佛就在那短短的一两天里，就像那心满意足和欣喜若狂的美丽秋收一般，已经美美地收获了一生的、满满的幸福！那一个一个瞬间涌上心头的除了一次一次的感动外，就是真真切切懂得了什么是珍惜、为什么要珍惜！就连才14岁的小女儿在经历了这番曲折与坎坷之后，都在不停地念叨着我们一定要记住这个叔叔，我们一定要感谢那个阿姨，还有她心目中感觉特别好的一个个哥哥姐姐们，这难道不是哲学上所说的"存在决定意识"吗？

马克思曾经这样说："人的本质不是单个人所固有的抽象物，在其现实性上，它是一切社会关系的总和。"确实如此，没有谁是可以孤零零的，一个人生活在这个世界上的，我们不必去论他的什么理论体系，但是我们却可以认真地去面对这句话背后所包含的深刻含义。

当我们每一个人都能意识到我们都不是孤立的存在时，我们就不得不或必须始终都要思考，并且认真地去对待一个问题，那就是我们自己和别人或周围所有人的关系。也就是说，在这个世界上看似没有什么关系的人或事，其实都是有关联或都是存在着某种必然的联系的，现实生活一直都在以各种方式印证着这一点。眼下的国与国之间，以及国际关系又何尝不是这样的，所以任何自以为是的单边主义行径，最终都将在多边主义的关系力量包围下，渐渐地变得黯淡无光，直至销声匿迹。

这次非凡的人生经历与炼狱般的考验，庄严地用事实的力量证明了，所有的人与事物只有在正确与良好的"关系"中才能获得和谐与共同的发展。而重视并善于处理各种"关系"的人，往往就会赢得更多和更好的机会与感受，也必将获得持续而长足的进步与发展，从而收获精彩而幸福的人生！

我们要感谢这次特别而非常的人生体验，我们更要感恩因此而给予我们的生命感悟与启迪，让我们和孩子一起可以重新站在生命的起点，严肃、认真和深刻地去重新感悟生命的价值与意义！把孩子领向正确而光明的航程，尤其是从根本上真正懂得珍惜曾经或一直给予我们所有生命意义的一切厚爱和力量！

特别的21天

1天，稍纵即逝；21天，也不过是三个星期。在生命的长河中，依然是短暂的一小段。要么在顺其自然中一晃而过；要么在稀里糊涂中匆匆掠过；要么得到些许的收获；要么在喜怒哀乐中度过；要么忙忙碌碌、一无所获；要么在坚持中养成了一种习惯。当然，每个人都有属于自己的时间影响与意义！

但是，如果是在非常复杂和极其特殊情况下的日子，或许就不是什么时间长短的问题了，而是你在那特殊的日子里经受了什么、体味了什么；或是得到了什么、又失去了什么；甚至在你的记忆和生命里，最终留下了什么、印刻上了什么！

然而，我们刚刚经历的这21天，却是非同一般的21天，它似乎已经在我们刻骨铭心的经历中，被分解成了504个小时，甚至是30240分钟，成为我们生命中不平凡的21天！

世界上每个人都拥有公平的时间，它不会因你积极而放慢；它也不会因你消极而快行；它更不会因你将时钟倒转而停下。它只会像江河一样一直向前流淌，一去不复返，而我们看似拥有着时间，却又被时间左右着、控制着，甚至是束缚着。

其实呀，时间是最不偏私的，它给任何人的都是一天24小时；然而，时间有时又是偏私的，它给任何人的又不都是一天24小时。就好比鲁迅先生所说的："时间，每天得到的都是24小时。可是一天的时间给勤勉的人带来智慧与力量，给懒散的人只能留下一片悔恨。"

在经过了数月的煎熬与等待之后，我们终于踏上了回国的希望征程，仿佛重新开启了新的人生一般，给未来充满新希望的人生之旅注入了新的生命；让我们有机会以全新的姿态去迎接更加精彩的未来。特别是以意想不到和脱胎换骨似的方式，让我们有缘陪伴着孩子去童话般地体味一次近乎超越时空的生命力量，以及一种极具感性色彩的心理体验，并且去完成生命赋予我们的神奇之旅，共同谱写七彩、浪漫和充满梦幻气息的生命乐章！

新冠病毒的全球性持续蔓延，似乎也在潜移默化和神不知鬼不觉地改变着这个共生地球上每一个人的境遇与命运！渺小的我们，当然也不能例外。所以，我们在希望与风险并存的矛盾中，神奇般地完成了一次非常态的国际飞行。经历了飞机上紧张的机舱气息与氛围，以及史诗般惊心动魄的13个多小时煎熬，我们最终平安地在非目的地的天津降落了。由此也开始了我们异地他乡的前一部分时间（14天）的"集中隔离"生活。一家三口各自分居一个不大的房间，在两隔壁与斜对门的空间里，开启了一家人十分另类的"新生活"。尽管只是感觉不长的14天，但是对于这样近在咫尺却不能相见的隔离，又似乎在告诫我们接下来将是一段"慢慢"人生路……

人生无常，坦然面对才是唯一和正确的选择。慢慢地在自我心理疏导和朋友们的"声援"下，"被隔离"的日子开始变为自由自在和弥足珍贵的"独居"生活。仿佛就在那"分离"的一瞬间，我们的人生即刻被"格式化"了一样。就像一切都要从零开始一般，可以童话般地重新装点无限的未来。

就在这个看似不长却又漫长的14天里，在根本没有选择的时空与不得不之中，我们才"难得"地拥有了重新思考和认真反思的机会。由繁化简、从零开始，一切变得清晰、明亮了。

在这个平凡而特别的14天里，我们彼此看待和理解对方的方式与程度，在不知不觉中也开始发生微妙的变化，好像变得更加简单、平和与自然了。一日三餐、定时定点的"闲饭"，尽管单调、普通，甚至渐渐地有些乏味，但是也足以让我们体会到，其实生活本身就是这样的简单，又何须刻意地去复杂化、形式化和虚荣化，以致不堪重负、难以招架，甚至痛苦不堪！

别把孩子带『歪』了

人与人之间的关系与相处，其实在一句问候、一声提醒和一份关心下，就足以感受到真诚和温暖。那样的心仪、满足和幸福又何须人为地去浓墨重彩和急功近利，而使亲情疏远、爱情变质、友情暗淡！

人生的价值与意义，似乎根本就不需要什么"高大上"的定义。只要你愿意，只要你自律，只要你付出，只要你担当，其实快乐很简单，幸福很容易，又何须拼了命地去贪图、去索取，甚至不择手段！

让本该享有的正常生活和基本快乐，一步步地远离生活的本义，甚至完全背离生命的意义。一种在不知不觉与潜移默化中产生的自我修养意识，似乎让我们突然地意识到某种人生的真谛：一切美好的开始、创造与拥有，首先是源于我们自己本身，而非其他的外在。到此，短短的14天好像已经让我们收获了一生！

刚刚结束了后一部分时间（7天）"居家观察"的生活，我们在另一种安静、平和与踏实中彻底地收获了身体的平衡、内心的安宁与心灵的纯净，以及牢不可破、温暖依旧和幸福永远的真情与厚爱！

所以，我们庆幸！但更要感恩生命中这特别的21天！

艰难回国周年记

2020年6月8日的今天，在经历了近半年的在美煎熬后，一家人"全副武装"地乘坐国航，不吃不喝地历经13个小时的飞行，终于安全抵达天津，开始了半个月的隔离生活。仿佛劫后余生，瞬间安心踏实下来！

一个平常的假期，在不知不觉中演变为一段特殊而非凡的经历，突如其来，措手不及！时间，也因此变得漫长而沉重起来，本该正常的生活也随着新冠疫情的出现和变化发生了"不得不"的改变。身体、心理和精神也进入了一种非常规的状态，从未有过，但又必须面对和承受。加州的阳光，似乎也失去了以往的灿烂和温暖，满园的绿植和鲜花也失去了那份清新和艳丽。毫无疑问，世界因此在改变……

一段经历，一种感受，一份收获。但是在疫情笼罩、实时突变的非凡经历之后，留给我们更多、更重要的还是对于生命和教育的重新思考与反省。

一、教育的本质，就是生命教育。突如其来的新冠疫情，深刻地影响和改变着我们生存的这个世界，因此我们不得不反思人类本身和我们的教育所存在的问题。教育，不仅仅发生在家庭、校园和社会，生活本身就是最现实和最好的教育！

去年的新冠疫情看似突如其来，其实却是冰冻三尺非一日之寒。如果不是这样世界性的大事件，似乎还不能唤醒人类对于尊重生命的切身感悟和良知。所以从这个意义上说，健康才是教育的根本。而我们的教育往往只有在出现和发生严重健康问题，甚至是失去生命的时候，才意识到我们的根本问题所在，即完全忽略了生命教育在孩子成长教育过程中的决定性作用。疫情，可以通过医学和科学的努力而缓解，或消除。但是，真正最大的疫情却是因为生命教育缺失导致的"教育疫情"。它不仅存在于我们的生活中，更加可怕的是，它使得越来越多的孩子在前所未有的负累成长中可以随随便便地轻视，甚至放弃宝贵的生命。所以，教育首先就要对孩子的健康和生命负责。

二、只有尊重、珍视和感恩生命，教育才可以继续，才有意义。在我几十年的教育实践、思考和研究中越来越感到这一问题的重要性和紧迫性。不久前，要不是发生在山东淄博某中学的一起真实的凶杀案件，简直无法，也不敢让人把一个14岁的少年和一个残忍的杀人凶手联系在一起。"杀了第一名，我就是班级第一名。"听起来让人多么的惊恐和不可思议！难道说，这不是我们教育的责任吗？

去年寒假，我们一家在洛杉矶休假。本想或许幸运逃脱了国内疫情的我们，却被接下来席卷全美的疫情打昏了头脑。一时间，让"久经考验"的我们手足无措，不知何去何从。然而，女儿们的反应却让我们有了一份坚定和安慰。面对史无前例的冲击和压抑，她们的清醒和从容，反倒给了我们一次最大的教育。她们阳光和积极的心态，特别是对生命和健康最朴素的认知，给予了我们最大的鼓励和信心。看似极富生活经验的我们，一时间在她们的面前变成了脆弱，甚至是无知的小孩。在美的那一段特别而非凡的经历，让我们和女儿们的身份与角色发生了戏剧性的转变，倒是她们在引导着我们努力前行的方向。因此，我们非常庆幸的是，从小深植于她们心底的生命教育和引导的种子开始开花结果了！所以，从这个角度来说，我们应该充分地信任孩子，特别是要尊重他们在成长中的自我，以及我们还没有发现的孩子的诸多能力和可能。

三、教育，首先就是育人，就是要培育孩子拥有健康和美好的心灵，而不是我们教育当下的现状：成绩代表了一切。否则，就不会出现因为一个所谓的"第一名"，竟然要一个花季少年拿命去换取的痛心和残酷的事实！当下，在许多成绩大过天的家长眼里，似乎成绩就能决定一切，甚至认为"优秀"比爱更重要。为了成绩，他们就可以自以为是地忽视孩子的一切。孩子，岂能只是别人家的好？我们的主观疏远了自己的孩子，我们的自私和虚荣压制和剥夺了孩子自我成长、努力和创造的机会！在孩子们的心里，或许始终回响着这样一句话："世界上最远的距离，是你在我面前，却不知道我在想什么。"

当下，家长对孩子过度养育，并且只考虑为孩子安排好生活和学习中的一切，甚至用自己的欲望去代替孩子的兴趣，但是却从来不去想这样的行为其实就是在剥夺孩子生存的自我权利和独立面对生活和世界的勇气和机会。你对孩子的过分爱护有多深，你的孩子就有多么的脆弱，你自己也就有多么的痛苦！

　　鲁迅先生早有言道："失掉了现在，也就没有了未来。"人生没有如果，只有后果。人生之路多风雨，家长既要懂得适时牵手，更要学会理智放手。"不经历风雨，怎能见彩虹"。成熟不等于成功，成年不等于成人，而成人却取决于健康的成长。而真正的成长，又何止一张完美的成绩单。孩子在成长过程中，只有独立自立，不畏风雨，勇敢前行，并且拥有强大而美好的心灵，他的成长之路和可期的未来，才会变得更加的坚实而宽广，阳光而美好！

　　今天，距我们艰难而安全回国已经整整一年。我们收获了平和与理智，感恩与珍惜，努力与坚定！

别把孩子带「歪」了

五、深度思考

教育的本质，应该是帮助孩子寻找和认知自我，是帮助孩子渐渐懂得生命的价值和意义，是引导孩子认识在成长中逐步建立起自己的责任使命，更是激发孩子如何真正才能获得属于自己的幸福和无限美好的未来，而不是把孩子从小就培养成一个只有自己而目中无人的"精致的利己主义者"！

只有实现家庭、学校和社会教育的高度统一和完美结合，才是教育的光明出路。

教育，将把孩子带向何方

蔡元培先生曾经这样说过："决定孩子一生的不是学习成绩，而是健全的人格修养！孩子从小受到的教育将影响着他们以后的成长方向和发展道路。"事实上，每一个孩子都有一条属于自己的成长之路，无论是风雨还是阳光，他们都将以自己的方式勇敢前行，走向充满梦想与希望的地方。

和一百个孩子聊天交流，可以得到一百个愿望和理想，各式各样，天马行空，充满了无限的想象和色彩！孩子们的本心与童真就如小鸟破壳而出时的灵动和欢喜一样，就是生命的起点，成长的希望；他们叽叽喳喳，活蹦乱跳，无拘无束，自由自在地绘出一幅幅稚嫩又鲜活的美丽画面，向大自然得意地宣告：我来了！

梁启超先生说："人生百年，立于幼学。"每一个孩子一出生就迎来了最好的呵护和初始的教育。幼小的生命就开始感受着来自大人们给予的一切，抚摸、拥抱、吃喝、穿洗、打理、声音、对话……以及来自自然与环境的空气、冷暖、动静、明暗、色彩……点点滴滴，方方面面就开始让他们感受着来自外界的一切，所有的"先入为主"体味就开始了他们最初的生命体验。而这一切的开始和变化就渐渐地刻画出他们最原始的生命印象，并在潜移默化中形成某种习惯，同时打下了最基本、最幼稚和最真实的认知生命的心理基础，这很大可能地造就了他们未来的性格走向、习惯模式和成长趋势。

所以，教育的起始、方式和目标就应该是在最大程度尊重和保护孩子们的本真、天性与特质的基础上，润物细无声地给予最恰当、最合理、最准确、最实事求是和最人性化的启发、引领和教育。而不是我们自以为是、机械化和成人化直给和强加式的养育和管教，完全或彻底背离孩子们生理和心智发展的规律。当今，越来越多的实例已充分地显现并证明了这一点，且无法回避。每一个孩子成长与梦想的背后，都需要家长和教育者做出理智和正确的选择！

家庭，是孩子成长中的第一所学校；家长，是孩子人生的第一位老师。种瓜得瓜种豆得豆，孩子最初感受到的和成长过程中得到的一切，自然而然地形成了孩子生命的底色，复印件的结果一定是还原原件的本色，这就是教育最基础和最根本的逻辑。遵从，一切向好；反之，背道而驰。

面对当下的教育现状，我们首先要反思的是，大胆正视现实教育的现状与根本性问题所在而非漠视与逃避；其二是，勇敢地深挖制度弊端与扭曲心态的根本原因，以及所造成的严重危害；其三是，果断地终止错误思想与行为，并采取果断措施力挽狂澜，还教育本真的自然生态。从整体上而言，我们的教育不是跑偏而是走错了路，且正在渐行渐远；在违反教育规律的路上，让教育的宗旨离生命与教育的本真和意义越来越远。因此，在错误的方向上使的劲儿越大就越是背道而驰，最终竹篮打水一场空。一拨拨、一茬茬的孩子们一点点、一天天地失去童真、健康和快乐。我们只有找到病源、病根才是缓解和解除病痛的根本办法和出路。无数失败的案例与惨痛的教训无时无刻不在敲响着我们教育的警钟。太多的主观意愿、自以为是和封建功利思想把教育引向脱离实际的歧途。一个个鲜活和灵动的生命一天天被压抑、被扭曲、被摧残着，各式各样与形形色色的"压"已成了大多数孩子们的难以承受之重。

心有敬畏，行有所止。只有从根本上认清生命本质与教育本真的价值和意义，才能真正还教育以本来和自然面目，即，教育就是要塑造和成就一个个不同却又光鲜亮丽、活泼可爱的生命个体，使每一个孩子都有着属于自己特质与选择的成长与发展之路，更有通往生命理想和幸福人生的充分能力与无限可能！记得一位成功妈妈的心里话："我们应该成为知识的主人，而不能成为知识的奴隶！"

著名国学大师、史学泰斗陈寅恪先生的至理名言"独立之人格，自由之思想"，恰恰正是我们家长和教育者应该理智正视和

五、深度思考

深刻反思的问题。陈寅恪先生对他的学生的爱护无微不至，对他们的生活乃至毕业后的就业问题，也关心备至。先生认为，问答式的笔试，不是探究学问的最好方法。如学生做论文，要求要有新资料、新思考和新见解。先生从不要求学生用死记硬背的方法去学习和研究，而是鼓励积极思考，大胆说"不"，更反对"填鸭式"和"说教式"的教育方式。所以，对于陈寅恪先生来说，"桃李满天下"，真是实至名归，当之无愧！先生为国家培养出许许多多服务和成就民族和时代的优秀人才，其中不乏季羡林、蒋天枢等大师。

面对国家创新发展和全球化竞争的时代与实际，"独立之人格，自由之思想"何尝不是我们的理想教育，以及培养未来创新性和实用性人才的迫切愿望和现实需求。教育，乃国家和民族之根本大计。"二十大"明确指出：国家的发展进步与民族的伟大复兴，"人才是第一资源"。我们的教育如何正本清源？如何造就出"独立之人格，自由之思想"并饱含民族精神、家国情怀和远大理想的未来人才，为民族担当、为国家奉献，使我们的国家从大国走向强国，已成为我们迫不及待和砥砺奋进的共同目标和伟大理想！

好的教育，就是要让我们的孩子能够在自由宽松和充满活力的优良环境下，不断地超越自我，造就出一个充实而强大的心灵、美丽而高洁的灵魂！把他们带向健康、快乐和幸福的人生坦途！

不要让成功取代成长

一切事物的存在与发展都有自身生长、变化和成长的规律，人的成长更是如此。

人一生的成长都离不开教育，关键是什么样的教育才是真正有助、有利于人的正常成长，尤其是符合人的成长规律？这一问题已经成为现实社会热议并越来越困扰每一个家庭的突出问题。而面对这一问题的首要难题就是人们如何对待"成长"并做出怎样的选择和努力。

孩子的健康成长已经成为每一个家庭生活和任务的首选，家长从孕期就开始了一系列的计划安排，可谓周密并面面俱到。进而到上幼儿园、幼升小（学）、小升初（中）、中考（高中）、高考（大学），家长更是殚精竭虑，使出浑身解数，甚至不惜一切代价为孩子关键的一步一步全力以赴，保驾护航！目的就是尽一切可能让孩子按照自己的理想或想象去成长、成才，而往往无暇顾及孩子成长过程中的得与失对孩子的影响与利弊。让孩子在不知不觉中成了父母世俗、盲目与功利竞争中最低级的无辜工具。事实又常常是，花钱越多，遗憾越多；力气越大，作用越小；愿望越大，失望越大；甚至是付出越多，痛苦越多！这样的现象在当今的现实中是越来越普遍，且已是愈演愈烈！孩子的正常、健康成长反而是事与愿违、背道而驰，直至竹篮打水一场空！

家长如此用力和费心无疑是想让自己的孩子能有一个美好的前景和未来。或者是想孩子像自己一样功成名就、风光无限；或者是想让孩子替自己去完成自己没有实现的种种愿望与理想，进而能出人头地、改天换地、光宗耀祖。家长如此的盲目攀比和竞争、急功近利和急于求成、脱离实际和处心积虑的思想与行为不仅不能如愿以偿，反而破坏了孩子自然生长的"生态环境"，甚至对孩子的正常、健康成长造成了无法逆转和挽回的严重后果！家长用自己所谓的、想象中的意愿代替了孩子的真正需求和愿望，用自己的力量代替了孩子的能力，用自己设想和判定的成功代替了孩子的成长，让孩子在不情愿、不甘心、不服气和不快乐中度过甚至熬过童年、少年和青年时光，难道这就是我们希望的教育吗？这就是我们的孩子应有的成长和人生吗？

成长，意味着孩子在自然和良好的环境与条件下一天天长大，直至成人；同时意味着孩子在童真天性的尽情释放和家长的温暖陪伴与理性引导中一天天褪去稚嫩，走向成熟；更意味着在一切教育因素和力量的影响下，成长为一个人格健全、对社会有用的正常人。

《论语》最基本的宗旨是："如何为人"。也就是说，只有先成己，之后才成人。学校里的知识灌输和唯成绩"论英雄"，家庭里的望子成龙、望女成凤和强压的课外班"饿（恶）补"，社会上风行的"别人家的孩子"使得我们的教育越来越偏离教育的正确轨道，越来越脱离孩子成长的实际，越来越背离教育的本源和宗旨，越来越让我们的教育走向畸形和歧途。而这一切都源于我们的教育首先没有站在孩子的立场，没有以人为本，没有认清教育的本质，没有尊重孩子成长的基本规律，更没有认识到教育其实就是心灵与心灵的照印、生命与生命的平等相待和人与人之间最温暖的相伴！

所谓理想的人生应该是这样的一个过程或结果：成长、成

别把孩子带「歪」了

熟、成才、成功和成人！而现实社会却把一味地获得好成绩、好工作、好收入才有好的面子、好的生活、好的荣耀当作所谓成功的标准，不计成长的过程和方式中的种种因素与影响，是否能让人收获本身应有的一切积极和有益的内容与力量？让人在自然、规律、合理、科学和尊重中成长为一个真正的自己和正常人！成长是过程，成熟是进步，成才是能力，成功是机会，成人才是根本！我们需要成功，但更需要成人，让人最终成为一个真实鲜活、有血有肉、有情有义、敬畏生命、善待他人、热爱生活、人格健全和对社会有用的好人、正常人！而不是成为知识越来越多，文化越来越少；能力越来越强，修养越来越差；财富越来越多，亲情越来越少；实力越来越强，朋友越来越少的人！

教育的本质，应该是帮助孩子寻找和认知自我，是帮助孩子渐渐懂得生命的价值和意义，是引导孩子在成长中逐步建立起自己的责任使命，更是激发孩子认识如何才能真正获得属于自己的幸福和无限美好的未来，而不是把孩子从小就培养成一个只有自己而没有他人的冷酷无情者！

不要让成功取代成长！"内圣才能外王"，让我们的孩子在温暖、平和、快乐和健康中成长为一个真实、充实和踏实的真正幸福的人！

给孩子们的人生留出一切可能和希望

日前，与一位高知妈妈的闲聊再一次触动了我的"教育神经"！眼前一个活脱脱的12岁小女孩似乎正在用英语和妈妈争论着什么。或许是职业的敏感，捕捉到了瞬间背后所蕴涵着的……

　　窗外难得的蓝天白云和灿烂阳光占据了每一个人的内心，不想轻松和快乐都不行！因此，虽然话题有些凝重、敏感，但是交流总体上是自然和平和的，这仿佛在印证着"环境（存在）决定意识"的哲学观点。其实，把这一点移植到教育上，一样有着积极的现实意义！

　　"女儿现在就是喜欢画画，且执着入迷！并且有着自己独特的个性，不报班不找老师学习，而是从网上自寻学习的方式。看上去虽然她非常喜欢这件事，但是我们（父母）又不敢拿这个去赌她的未来是否就可以去从事艺术（绘画）？因为还有三年她就要面临中考了！真是让我们犯愁！"妈妈很无奈地如是说，一旁的爸爸也皱着眉头附和着……

　　每每这个时候，几个躲不过去的问题又要严肃地"拷问"着身为父母的我们：生养孩子的目的是什么？究竟希望孩子未来成为什么（人）？学习的最终目的是什么？我们的教育究竟要解决什么问题？北大刘云杉教授提出了这样的思维方式和行动建议："我们不妨站上更长的时间尺度，走近个体，去看看正发生在一个个学生身上的典型现象，分析他们的经历、体验和困境，再回过头梳理，到底过去的教育模式带来了什么？未来我们需要做什么？这里面，首先是作为父母要认真面对和理智选择的！"

　　实事求是！这同样是面对和解决教育领域一切问题的指导方向和根本精神！每一个孩子（人）的成长无疑都要依赖一个（某种）特定的环境（土壤）并受其深深的影响，主要体现在两大方面，一是大环境（教育制度、社会风气），一是小环境（父母、家庭）。大环境不是我们想改变就能改变的，而小环境却可以通

别把孩子带『歪』了

过我们的努力去调整、改善、重新塑造，甚至改变。而这一切需要的是清醒的头脑、正确的方法和足够的耐心修养！

如今，我们的教育短板（问题）之一就是盲目的"短视"与"头痛医头脚痛医脚"的自以为是。父母面对孩子成长与教育的很多烦恼其实大多都来自"意识"的错位和"认知"的模糊不清，往往是在自命不凡中人为地制造着与孩子最亲密的陌生关系：物理距离很近，心理距离很远！在这样的前提下，就难以实现正常、融洽和有效的沟通与交流，也就出现了上述父母与女儿现实中的"你情，我不愿"。所以说，"心灵的天空有多高，人生的境界就有多高；心灵的气象有多美，人生的风景就有多美；心灵的力量有多大，人生的成就就有多大。"非凡的心灵才能造就非凡的人生！我们在没有耐心倾听和基本（完全）读懂孩子之前，一定不要替孩子对无限的未来和可能下结论。我们教育的另一个短板和遗憾就是，在孩子成长的初期和心智发展的关键阶段忽略、限制、打压，甚至毁灭了他（她）的童真、想象和创造力！所以，才有着"钱学森之问"："为什么我们的学校总是培养不出杰出的人才？"

如何建立起正确、良好的亲子关系，是孩子健康成长与有效教育的根本基础和重要条件。任何超前、加速、功利和脱离实际的错误教育思想都将会伤害和毁灭一个个幼小与美好的心灵。教育，其实就是生命与生命之间的对话，人与人心灵之间最微妙的触碰。所有父母都希望自己的孩子能出人头地，这种所谓的中国式"人上人"文化，其实是一种狭隘、封建和腐朽的落后文化观念，它不知毒害了多少我们的孩子和家庭！难道说只有按照父母愿望实现或完成的目标才能幸福，才是真正的幸福吗？而大量的事实却又是恰恰相反的！父母活在孩子的痛苦中，孩子痛苦在父母的理想中！

事实上，教育既是一门科学，又是一门艺术；从根本上说，教育的原则就是科学，而教育的方法却又是艺术。就像我们今天的艺术教育一样，常常是反其道而行之，完全不顾孩子心智发展与艺术本质规律，主观替代客观，想象左右现实，所以直接导致了"学了一门技术，却伤了一门艺术"的教育怪象。

什么是正确的教育？它的实质就在于我们能否真正地去了解最真实的孩子，而不是将我们以为的强加给无辜的他们。理想的教育，就是一定要实事求是，以人为本，全面地培养一个身心健康的个人，以及适应社会和环境的能力、积极正确的价值观、乐观向上的人生观，并具有独立思考和自由的精神。教育的意义就是在于唤醒、点燃和培养独立自主而完整的人，就是要帮助孩子在学习成长和未来的生活中实现属于自己真正的成功和最真实的幸福！

学习有益，交流有助，责任重大！

面向未来　永怀希望

随着不断的远行，世界不再遥远；随着时空的转换，世界不再孤单；随着世界的交融，文化实现了碰撞；随着信息的互通，一切变得不可思议。

国与国之间、民族与民族之间、人与人之间，有着太多的不同、相似或相近，这中间或许就是隔着一层文化、教育的差异。制度的不同，显现出以政治为核心的政治生态和社会形态的差异

别把孩子带『歪』了

与风格；区位不同，显现出环境、气候、资源和影响的差异与优劣；文化的不同，显现出风土人情、生活方式和民族性格的差异与特点。然而，随着世界大同与经济一体化的发展趋势与进程，在制度与文化间原有的不同与相同，也悄然地在发生变化，并且越来越呈现出你中有我、我中有你的态势，甚至在相互的影响与作用下，彼此之间正在发生微妙或不尽相同的变化，或许就在如此的变化与发展中，相互吸引与排斥着、相互影响与改变着，其实，其中所求和所得的，应该不是绝对的强弱、对错与胜败，而是在共同的进程、规律和发展中的相互学习、借鉴、交融、促进和创新，最终实现共生、共存、共进和共荣。因此，如果始终能够拥有平和心态、真实感性、理智思维、严谨态度和科学精神，才是行走在世界之间的坚实、正确、有益和有力步伐！

根据《中国国民心理健康发展报告（2017—2018）》（以下称《发展报告》）指出，我国17岁以下儿童和青少年中，至少有3000万人受到各种心理问题的困扰，主要包括抑郁、焦虑、强迫、厌学、网络成瘾、自杀自伤等。另根据《中国国民心理健康发展报告（2019—2020）》显示，2020年中国青少年的抑郁检出率为24.6%，其中，重度抑郁检出率为7.4%，抑郁症成为当前青少年健康成长的一大威胁。如果不及时发现并有效干预儿童和青少年的心理健康问题，许多问题会持续到成年时期，影响未来的工作和生活，给家庭和社会带来沉重的负担。同时在本人近20年个人公益教育实践中，充分且超比例地证实了以上研究数据和结果，可谓是"名副其实""针针见血"。

教育，尤其是基础素质教育，依托于家庭、学校和社会之中，各方之间是一种相互独立、相互依赖和相互促进的辩证关系。只有统一实施并获得良好的共育，即以上各方积极有效地参与到教育与被教育的良性实践互动中，在人生的开始与出发，即接受教育的起始时，就建立并打下国民心理健康素养的意识和基础，方能最大程度地促进并实现真正的国民健康。所以说，良好的心理健康水平对保障个人幸福、家庭和谐、社会安定具有十分重要的意义！

《发展报告》认为，心理健康是指个体内部心理过程和谐一致，与外部环境适应良好的稳定的心理状态。如果从其包括的五个测量维度：即情绪体验、自我认识、人际交往、认知效能和适应能力，来对应反思当今的教育和社会现实，那么最大可能得出的结论就是，我们在全力以赴地追求课本和成绩（分数）的同时，却又最大程度地忽略了对上述五个维度的认知、培养与训练，同时也丢失了对心理健康素养最起码的重视与把握，越来越多的人前赴后继般地正在最大范围、最大力度和最大热情地沉醉于盲目攀比、你追我赶、功利追求和利欲熏心的自欺欺人现实中，其中最大的受害者就是各个年龄段的孩子们。

一个国家和民族的未来与希望就是我们的孩子，面对一张张活泼可爱的笑脸、一个个充满无限可能的孩子，有谁能以万千的理由和条件去伤害，甚至去毁灭一个个无辜的生命。教育如果可以如此"草菅人命"，家庭如果可以如此"自以为是"，社会如果可以如此"麻木不仁"，国家如果可以如此"听之任之"，又何谈国家的希望与未来！

正视我们的教育

"中华民族到了最危险的时候，每个人被迫着发出最后的吼声……"这是经久不变的国歌歌词，它始终在警示着国人，时时刻刻都要具有忧患和居安思危的意识。只有这样，我们的民族和国家才能永远立于世界民族之林和不败之地。所以，我们的民族不断地在进步，我们的国家一天天在强大。在国富民强不断发展的进行时，我们又不得不反思我们今天的教育，并敲响教育危机的警钟！

我们的教育正处在危险之中，我们已不得不发出"救救孩子，拯救民族"的呼声！建设教育强国是中华民族伟大复兴的基础工程！所以，教育是"国之大计、党之大计"。"对提高人民综合素质、促进人的全面发展、增强中华民族创新创造活力、实现中华民族伟大复兴具有决定性意义！"这里所指的"人"的全面发展，就必须，也只能依靠正确和优良的教育。

如果我们认真地正视一下我们所处的现实环境，严肃而理性地面对当下儿童青少年和国人的心理健康状况，以及因此而形成的越来越严重的社会问题，就不会觉得，或认为以上的"呼声"危言耸听！从小学生到中学生，从中学生到大学生，从大学生到硕士生，再从硕士生到博士生，他们竟可以因为任何一点理由和原因，或因压力而抑郁，或因刺激而焦躁，或因不顺而偏激，或因冲突而暴躁，或因失败而厌世，或因失利而痛苦，原因林林总总，理由形形色色……他们就可以因此而随随便便，轻轻松松地放弃生命！如此的遗憾和悲剧就这样频繁并愈演愈烈地发生和重复着。难道说，这不是我们教育的失败和悲哀吗？

我们的教育岂能再这样被熟视无睹和自欺欺人下去！无数年轻和宝贵的生命，又岂能这样随随便便、稀里糊涂和毫无保护地逝去！我们岂能再选择冷漠、麻木、无视、残忍和不负责任！我们岂能再容忍一颗颗心灵的扭曲、一个个生命的逝去、一个个家庭的破碎和一个个美好梦想的破灭！因此，我们的教育已经到了必须彻底反思和根本改变的时候了，否则，我们怎么对我们的孩子、我们的民族和我们的国家的未来与希望负责！

一、认清教育的根本目的，实现教育的最终目标

蔡元培先生说："要有良好的社会，必先有良好的个人，要有良好的个人，就要先有良好的教育。"

真正的教育就是生命教育，教育就是要对孩子的健康成长和无限未来负责，真正好的教育就是要激发孩子进行自我教育，不是把孩子变成家长自己想要的样子，而是引导和鼓励孩子成为最好的自己。

教育必须摆脱功利，回归本真。教育不能再以追求分数和成绩为目的，而不顾孩子的兴趣发展和身心的健康成长。

教育的目的，就是实现生命意义和价值的教育；教育的真谛，就是帮助孩子收获人生的果实；教育的责任，就是要激发和挖掘出孩子的无限潜力；教育的使命，就是要不断提升孩子生命的价值和做人的尊严。

正确和好的教育，就是要打破对孩子天性的禁锢，解放孩子的思想，还孩子一片自由和晴朗的天空，为孩子创造迎接和适应未来的一切能力和可能，让孩子在变幻的时代和未来的世界中能够自由、自主地安身立命。而不是成长为一个没有独立个性与思想，失去了时间、思维和学习自由，缺爱无责、自私、冷酷的工具。所以，教育家陶行知这样说："要解放孩子的头脑、双手、脚、空间、时间，使他们充分得到自由的生活，从自由的生活中得到真正的教育。"

二、重新正确定位教育，切实履行教育责任

合格的教育者，首先是一个善于学习，善于反思，自觉自律和不断完善自我的践行者，尤其是作为孩子第一任人生导师的家长，首先要努力成为家庭教育合格的承担者和责任人。

我们的家长在拿自己的孩子和"别人家的孩子"比较并希望同样优秀时，我们自己能否先和"别人家的家长"做的一样或更好。

回想自己的童年生活，似乎接受到的最好教育就是父母的宽容与理解、尊重与信任和他们做人的榜样力量。童年生活虽然简单，但却充满了自由、奔放与快乐。

那时，看似无忧无虑的学习生活和父母的放养，却让我们拥有了探究未知和追求真理的渴望和机会，印象中学习从来没有成为一种负担，反倒是充满了无尽的乐趣，天生的对世界的好奇心和求知欲望，得到了尊重保护和最大限度的释放，而这一点恰恰是素质教育最核心的价值所在。

然而，我们现在的教育风气却是，把能够升入一级一级的好学校当作学习的目标，把本该正常的学习当作了一种追求功利的手段，不断叠加的学习负担，把孩子搞得筋疲力尽、疲惫不堪，天性中可贵的求知欲和学习乐趣，从根本上被摧毁了，教育的目标与意义也就随之而灰飞烟灭。

显而易见，没有了属于童年的天真、自由和梦想，也就没有了成年的快乐和幸福，这是不可逆转的规律和因果。

所以，作为家长，如果还用我们错误的价值观来判断和设计孩子的未来，而不顾孩子的个性特点和成长实际，其后果是多么的可怕和不可想象！

由此可见，最好、最有效的家庭教育就是让孩子看到懂得如何做人、处事且阳光、自信、努力、强大和充满温情与真爱的父母！因此，陶行知先生强调说："真教育是心心相印的活动，唯独从心里发出来，才能打动心灵的深处。"

三、重树教育的风向标，让教育充满正能量的内涵和力量

世间一切皆因果。现在，我们总在抱怨孩子早熟而叛逆，固执而不听话，好动而不专心，喜欢游戏与网络而不认真学习，好高骛远而不脚踏实地，欲望很多而能力不足，激情有余而责任欠缺，个性突出而不顾他人，唯我独尊而缺乏爱心，自由奔放而缺乏自律，想法很多而行动太少，等等，却很少或根本不去反思造成这一切的来自家长的原因和责任。

时代的变革、社会的发展和信息化的加速，让我们难以摆脱对网络和手机的依赖和影响，身处其中的孩子也不例外。我们对于孩子现在的处境（即他们一出生其实就活在两个世界当中，一个现实世界，一个虚拟世界），如果没有思考、分析、判断和准备的话，我们又如何去陪伴、引导、影响和教育孩子！

"一个人的注意力在哪，他的价值观就在哪！"这是我多年从事教育，特别是儿童青少年心理（人格）健康实践和研究的感受和判断，被许多孩子和家长称为"晓云名言"。

孩子被网络中五花八门的内容和乱象吸引着，被手机里的微信和游戏绑架着，被现实中众多的低俗和轻浮影响着，被复杂人际关系中大量的功利和假象裹挟着，被作为家长的我们的生活态

度和价值观诱导着，被社会生活中太多的金钱观、财富观刺激着，被成长中青春期的焦躁困扰着，被学习升级中的巨大压力折磨着，被知识和经验不足带来的挫折忧郁着，被感情世界中的萌动诱惑着，被来自家庭和环境中的不自在、不理解打击着，因一点点错误和一次次失误恐慌着……如此这般的经历、体验和感受，对于成长中的孩子来说，他们又该何去何从？

五花八门的游戏世界、爆炸的娱乐信息和新闻、泛滥的社会问题乱象、不断放大的功利心和缺失的道德等负能量，在不知不觉中潜移默化，甚至轻而易举地影响和伤害着孩子们。使得本该自然、正常和健康成长的孩子们，失去了人生的坐标。这个时候，如果我们的家庭教育、学校教育和社会教育缺位或错位，孩子就会不可避免地走向人生的歧途或反面，精神塌陷，甚至陷入极其消极和糟糕的人生谷底。

"两弹元勋"邓稼先、"进入太空的第一个中国人"杨利伟、"世界杂交水稻之父"袁隆平、"中国导弹之父"钱学森、"人民科学家"南仁东、"诺贝尔奖"获得者屠呦呦、"核潜艇之父"黄旭华、"人造卫星技术和深空探测技术的开创者"孙家栋、"中国氢弹之父"于敏、特等功"战斗英雄"张富清、获"人民英雄"国家荣誉称号的陈薇，以及刚刚搭载"神舟十二号载人飞船"进入太空的聂海胜、刘伯明、汤洪波，等等，无不都是我们共和国可歌可泣的英雄模范，他们才是中华民族的脊梁、时代的先锋和祖国的骄傲！这些为我们国家做出巨大贡献和牺牲的英雄，才是我们的孩子和民族所需要的正能量，才是爱国主义教育最生动、最直接、最有意义和最有价值的好教材。这才是最能激发孩子主动学习、奋发向上、勇于创造、积极进步、追求梦想，并实现人生价值和收获幸福人生的最强大动力！更是我们教育的核心价值所在！时代呼唤英雄，中国的强盛和美好未来，更需要重塑这样正确而充满正能量的价值观！

四、家长和国人的自我教育和再教育，时不我待

如何给孩子提供健康成长的优良环境，如何营造风清气正的教育风气，如何创立科学合理的教育制度，如何建立上下一致、和谐有序的教育新秩序，如何创建未来人才培养新模式，如何全面提升国民的综合素质，如何实现教育就是立德树人，服务社会进步和发展的根本目标？这些就是我们当下不得不面对的严峻挑战和现实机遇。

我们只有拥有一个文明的社会和优良的环境，教育才能发挥出真正的作用和价值，孩子才能获得健康成长、成才、成功、成人的机会。

日前，有幸去拜访了北大哲学系楼宇烈教授，简短的交流，却令人醍醐灌顶。先生关于文明的核心就是自觉和自律的阐述，让我顿悟并"自我认知"到了文化的教育内涵。

首先作为"人"的家长或国人应该回归自然，回到成为"正常人"的轨道上，从尊重自我，尊重生命开始，自觉提升文化素养，特别是对生命意义和价值的认知，让学习成为一种信仰，在自律和自觉中不断丰富自我内涵，强大自我内心，逐步完善自我，努力提高自身综合素质，让自己成为国民中的一个合格的人、有趣的人、有为的人、有爱的人、爱别人的人、有理想抱负的人，对家人、对社会、对国家有用和受欢迎的人。由此，让我们的社会充满温暖和阳光，让我们的民族充满自尊和自信，让我们的国家充满活力和希望！

我以为，孩子不是被教育出来的，而是被影响出来的！作为家长，大可不必把所有的劲儿都使在孩子的身上，而忽略了自己的存在和价值。我们只有成为一个理性睿智、开朗有趣、自信独立、充实上进、快乐健康、内心强大、会爱敢爱、有能力和负责任的人，才能被孩子效仿，才能影响孩子，才能吸引孩子，才能有益于孩子健康快乐地成长！

"失掉了现在，也就没有了未来。"教育，就是要对孩子的未来负责，担起民族的责任和希望。让我们努力成长为合格的父母，成长为真实和有利于民族的人，成长为有能力与孩子携手拥抱并享有幸福的人！

《跨过鸭绿江》的启示

第一次沉迷于一部国产电视剧，从未有过的震撼与感动、从未有过的痴迷与专注、从未有过的深思与联想、从未有过的受教与受益……刚刚播完的电视剧《跨过鸭绿江》让我思绪万千，百感交集！

十多年前中央电视台专访我时，让我在节目之后给观众推荐一部对我影响很深的老电影，我不加思考地说出了《渡江侦察记》。因为父亲亲身经历了那场惊心动魄而具决定性的战斗，当年父亲的深情讲述至今犹如一幕幕历史回放，深入脑海，回荡心中！毫无疑问，那是对包括父亲在内的革命军人的一种深深的敬仰与崇拜！

然而，刚刚播完的《跨过鸭绿江》却在不知不觉中让我进入了历史的时光隧道，完全融入那场只知其一不知其二，而似乎又身临其境的壮烈战斗中，真真切切，难以自拔！已远远不是一般的投入与激动，而是深深地触动了灵魂深处最朴素、最本真的清澈与光亮。从直觉般的激动与感怀升华为对真实历史的一种痛彻心扉的认知、尊重和敬畏！

我以为，电视历史巨作《跨过鸭绿江》是我所看过的第一部还原历史最真实、制作最用心、表达最朴实、展示最真切、演绎最感人、影响最积极、导向最明确、含义最深刻和最真诚负责的现实主义好作品！其中感触最深的是导演董亚春领军的制作团队竟然在短短的一百天里完成了从巨量史实资料到严谨编剧、从团队搭建到细致分工、从演员挑选到角色定位、从海量场景到精致制作、从尊重历史到合理演绎、从事无巨细到完美细节、从不同地域到每个阵地、从众多人物到个性刻画、从枪林弹雨到现实细节、从历史事件到艺术创作、从轰轰烈烈到真真切切、从方方面面到面面俱到、从团结一致到高效负责的最贴近完美的精品之作。可谓是对民族精神力量的生动再现和无限升华，并且极具责任感地赋予了我们这个时代最迫切、最需要和最有益的正能量，润物细无声地传递出应有的价值导向：走向中华民族伟大复兴的力量源泉 —— 不忘初心，奋勇前进！

如果说艺术来源于生活，那么今天的《跨过鸭绿江》正是来源于这群在时代大变革和现实大发展下，还能够毅然决然秉持历史责任感和自觉，传承中华优秀文化和民族精神的时代英雄们！作为一位观众、一个国民，我要为他们深深地鞠上一躬！要为他们的真诚与忘我道一声谢谢！要为他们如此的选择与坚定点一个大大的赞！更要为他们为今后的艺术创作导向带来的积极而有力的影响，对我们民族精神的准确传递和力量升华，以及彰显中国人民自始至终守望世界和平的坚定信念致以最高的敬礼!

然而,看过这部时代心作《跨过鸭绿江》,给予我最大启发与深重思考的却是,通过这部剧所折射出来的民族精神与民族之魂在现实与未来如何坚守与发扬光大! 即我们今天的教育亟须正本清源,并尽早回归到应有的和正确的道路上!

一方面,中国的教育自改革开放以来,获得了长足性的进步与发展,从重视人才培养和人才辈出的角度来说,为今天中华民族立于世界民族之林与国家的日益强大奠定了良好和坚实的基础,从这一点来看,可谓来之不易,可喜可贺!

另一方面,相对于国家的快速发展、国力的日益增强和国家的世界影响力来看,我们的教育导向与国民素质现状又明显地表现出不尽人意和匹配不利的现实问题与障碍;从科学、稳定与可持续发展的角度,以及努力实现中华民族伟大复兴的历史意义上来说,我们就不得不做出深刻的反思和正确理智的选择!

例如,在国家大力推进教育改革和家庭全力投入与大量投资的现实下,越来越显现的教育失衡、人才培养导向跑偏、教育观念乱象等教育问题,特别是儿童青少年心理人格健康问题的日益加重已经成为我们正在和不得不面对的现实与严重挑战!

"教育是国之大计、党之大计。教育兴则国家兴,教育强则国家强。今天,没有哪一项事业像教育这样影响甚至决定着接班人问题,影响甚至决定着国家长治久安,影响甚至决定着民族复兴和国家崛起。"在抗美援朝战争中涌现出来的如黄继光、邱少云、罗盛教和杨根思等无数的英雄人物,正是我们国家在当时的历史条件和国民精神背景下最好的历史写照! 所以,"教育是功在当代、利在千秋的德政工程,对提高人民综合素质、促进人的全面发展、增强中华民族创新创造活力、实现中华民族伟大复兴具有决定性意义。"

如今，在越来越明显的教育功利化思想，以及失衡、不当，甚至是错误的教育价值观影响下，越来越多的人在不知不觉中步入了沉重的家庭教育困惑与恐慌，使得越来越多的孩子陷入了现实学习的重压，以及对求知与学习兴趣的大大降低，甚至丧失中！在学校、家长的重压下渐渐地变得心理失衡、躁动不安、情绪低落、抑郁不欢！再加之对手机、网络的沉迷、依赖，甚至难以自拔，所谓的"问题孩子"正在从少数个体现象走向普遍发展的趋势，孩子们的身心现状越来越影响着他们的正常、健康成长！随之，我们民族的优秀传统文化，如责任、担当、使命、勇敢、正义和奉献等关键的个人与国民素养正一步步地远离我们的孩子们，越来越投入到简单盲目追星和虚拟网络世界之中，而应该真正追逐的为中华民族解放、进步、发展和民族崛起与复兴而献身和牺牲的无数民族英雄之星被抛之脑后，渐渐地失去了成长的方向和力量，进而也失去了生命的价值与人生的意义！

所以，我们岂能让关乎国家和民族兴衰的教育因此而失去"方向性、全局性、战略性"！

回顾电视剧《跨过鸭绿江》所呈现的伟大的抗美援朝战争历史与精神，我们的教育只有尽早地回归到切实努力培养中华民族伟大复兴所需的"德智体美劳"全面发展的人才的正确轨道上来，才是我们国家和民族的真正希望！

"雄赳赳，气昂昂，跨过鸭绿江，保和平，卫祖国，就是保家乡，中国好儿女，齐心团结紧……"

让《中国人民志愿军军歌》唱出的精神与力量永远激励和鼓

舞着中华民族继续走向无限的光辉与希望！

什么是好的教育？

曾经的一个早晨，空气清新，秋爽怡人。送过女儿上学，趁此良机闲庭信步于人大校园，思想活跃，心情与天气同好！

随着校园里上课穿行的人流，不禁回想起了自己的学生时代，真是思绪万千，百感交集。

偶然间，迎面而来的两位女同学（似大一大二）的对话被同步收入我这"过敏性"的耳朵里。其中一位戴着眼镜的女生边走边说，"反正我上了大学后就不学习了！"同行略显小一些的女生立即回应道，"我也是耶！"随即我便与她们擦肩而过。由于话题"诱人"而"正中下怀"，所以就想转身继续跟随其后静听"下回分解"；但出于慎重和礼貌，最终选择了放弃。

"反正我上了大学后就不学习了"，一句从如此年轻的大学生嘴里溜达出来的对白就这样进入了我的"思想加工厂"……

依着一个执着教育实践者的身份和"职业偏好"，我推理那两位女生接下去的对白应该"殊途同归"：为高考而付出的代价和牺牲实在是太大、太沉重了！"通关"之后身心已是疲惫不堪，所以不想再"亲近"学习了！

面对现实，实事求是，一个必须面对却又难以解释的悖论实实在在地摆在了国人的面前，即在一个个基础过硬、超强应试、成绩优异的学子中却难以走出一个可持续创优和不断创新的"货真价实"人才；也就是著名的"钱学森之问"：为什么我们的学校总是培养不出杰出的人才！这一简单直白却又沉重已久的"拷问"不知还要如此"静静的"存在多久而悬而未决，无所适从？

我们先来看看中央教科院的一个专项调查：在恢复高考以来的3300名高考状元中，竟然没有一位成为行业的领袖【见《上海教育》（2011年12A期第34页）。哪怕这只是一个参考或善意的提醒！】不止如此，另一个调查结果更是让人"毛骨悚然"：在调查的全国100位科学家、100位社会活动家、100位企业家和100位艺术家中，发现除了"科学家"的成就与当时的学校教育有一定关系外，其他人的成就与所获教育根本没有正相关关系！这又是一个何等的"不解"悖论！

由此看来，我们"处心积虑"的教育投入与付出，甚至是狂奔与玩命，似乎也不大有效！

换个角度说，另一个严肃又沉重的问题同样是国人无法逃避且又必须承受的，那就是，"什么是好的教育？"

我以为，好的教育应该是正确而有效的教育！何谓"正确"？尊重规律，尊重科学，尊重个性就是正确；何谓"有效"？获得方法，获得真实，获得成果就是有效。

可以想见，以上两位女同学的心态与真实现状应该有着相当的普遍性。那么，我们就不得不对我们的灌输式教育和应试教育进行"迫在眉睫"，甚至是"负荆请罪"的反思，为什么有着十分过硬的基础教育和强大的应试能力的一个个"学霸"式学子却在取得优异成绩而升入理想或目标学校后便迅速失去了当初令众人"羡慕嫉妒服"的斗志和继续前行的力量？

毫无疑问，根本原因就是太多太多的我们对教育目的的远离和背叛！

我们打着"一切为了孩子"的冠冕堂皇的旗号，背离孩子成长规律和心智发展特点，一意孤行地霸占了孩子本该自由与快乐的童年，掠夺了孩子原本丰富与多彩的时光，让一个个天真无邪，活泼可爱的孩子一遍遍、一次次成为家长们心目中"理想的""学习工具"和实现功利欲望与虚荣且可以自由支配的"廉价玩具"！

就我们的国情而言，现行教育所给予国人的除了一张张看似光鲜亮丽的毕业文凭外，越来越使人远离精神的支撑和心灵的慰藉。反其道而行之的趋势却变得越来越严重。

学子们寒窗数载，苦苦练就的扎实的基础知识与强大应试技巧和能力的"金丹"，能否真正地转化为提供创新思维的源泉和力量，正是我们教育者和家长们面临的一个不可逃避的拷问和一次严峻的挑战。

好的教育，首先就要有好的心态、好的思想和好的方法。再者就是要帮助孩子在正确的成长轨道上一步步实现教育的目的，即逐步地认识自己，完善自我；而不要让教育变成日常生活中不得不去完成的"例行公事"和"有用的"功利之具。

好的教育，更应该是有效的教育。而非仅仅是为了传授精准的知识和技能技巧，而要让学子们在实践和思考的过程中逐渐自我领悟，自我觉醒，自我发现和自我完善。更不是让教育的过程一步步地被异化为应付考试和训练的过程。

其实，好的、有效的教育就是把正确的价值观教育潜移默化和润物无声地融入教育的全过程中，同时唤醒每一个孩子心中的潜能和无限想象，帮助孩子们"认识到自己未来会成为一个什么样的人"，进而激发出无穷的原动力，把属于自己独一无二的特质和特长发挥到极致而享受到人生真正的快乐和意义。

真心希望我们的教育者和家长们摆正自己的位置，认清自身的责任，尊重孩子成长的规律，以理智、平和的心态举起人生的航灯，照亮孩子健康、幸福和快乐的前程！

人成在教育败也教育

教育的本质是什么？教育的目的是什么？什么才是真正的教育？到底什么才是真实而有效的教育？类似的问题如果继续问下去，将没完没了、无休无止……

教育作为文化大概念的一部分，确实难以摆脱文化传统与文化特征的左右或影响，所以也自然而然地形成了特有或特定的教育文化，并且在不知不觉中包围和影响着教育与被教育者，一个个、一群群、一代代……

爱因斯坦曾这样说："我确实相信，在我们的教育中，往往只是为着实用和实际的目的，过分强调单纯智育的态度，已经直接导致对伦理教育的损害。"

如果按照一般性的思维与逻辑推理，教育的功能与本质似乎可以简单概括如下：是获得知识、掌握技能，还是取得成绩、赢得成功？是出人头地、名誉加身，还是享有快乐、得到幸福？如此延展下去，亦不过如是也。如果换一个文化背景和角度，或是以差异化价值观和不同制度条件来审视，是否对这一永恒"命题"的全面思考会有所帮助。曾任耶鲁大学校长二十年之久的理查德·莱文这样解读教育："真正的教育不传授任何知识和技能，却能令人胜任任何学科和职业，如果一个学生从耶鲁大学毕业后，居然拥有了某种很专业的知识和技能，这是耶鲁教育最大的失败。"显然校长先生"反常规"式的教育定位，或许更加直接与深刻地道出了教育的实质和意义：专业的知识和技能，是学生们根据自己的意愿，在大学毕业后才需要去学习和掌握的东西，那不是耶鲁大学教育的任务，比如本科教育的核心是通识，是培养学生批判性独立思考的能力，并为终身学习打下基础。

这里，我们无须对中西方教育的差异，简单地定下任何绝对或权威性的结论，但是，我们却可以从其中找寻出规律和定数，比如对生命的认知与尊重、对人格的塑造与发扬、对社会的责任与贡献，以及对超越知识与技能的使命的把握与担当；再比如对自己的不完美或失败的理解与接受；等等。这些都理应是人类的共识和共同遵循的基本规则，换句话说，就是生命的意义和人生的价值。

数日前，上海就此又敲响了教育的警钟：一名十七岁男孩只因交流途中母亲的一句责怪，愤然跳下车，只用了五秒钟就从桥上跳下，结束了自己年轻而宝贵的生命，随后飞快赶到的母亲也只能是绝望捶地，悲痛欲绝……母亲和儿子、一句话和一条命、一个生和一个死，这是何等的关系、逻辑和偶然与必然，面对如此的悲剧和事实，不当或缺失的教育，毫无疑问地成了不可逃脱的"罪魁祸首"。面对此情此景，还有谁再为自己的"问题教育"和"灾难教育"无理辩解，还有什么地方能够继续容纳下这一颗颗生命的苦果，还有什么势力敢于丧尽天良地为眼下的教育乱象和教育罪孽"撑伞"。看似大张旗鼓、全力以赴和不惜代价的自以为是教育，其实分分秒秒、时时刻刻和日复一日地在远离和背离教育的本质、教育的目的和真正的教育。一些好的教育理念、教育追求和教育精神，倒是给予了我们很大的启发与警醒般的认识，正如耶鲁校长所说的"通识"（liberal education），即"自由教育"，就是对心灵的自由滋养，对生命的最大尊重，其核心是：自由的精神、公民的责任和远大的志向，自由地发挥个人潜质，自由地选择学习方向，不为功利所累，不为虚名所负，为生命的成长确定方向，为人生的意义创造价值，为社会、为人类的进步做出贡献，这不正是我们的制度、我们的民族所思、所想和所求的吗？这不就是我们的教育、我们的未来所问、所追和所盼的吗？

最后借哈佛女校长德鲁·吉尔平·福斯特的一句话敞开教育的心扉，期盼教育正常和美好的未来："走出去了解整个世界是孩子们的必修课。"

我们的教育该何去何从

4月9日，郑州实验外国语中学一名八年级学生胡某在学校教学楼坠楼身亡；

4月15日晚，湖南涟源市龙塘中学又一名八年级男生吴某才从学校坠亡；

4月19日，安徽外国语学校一名女生从宿舍楼6楼坠楼身亡；

4月21日，中南大学一名硕士研究生黄某坠楼身亡；

5月9日，成都49中16岁男生小林从学校知行楼高空坠亡；

5月13日，湖北安陆市德安中学一名14岁八年级女生杨某在学校坠楼身亡；

如此密集的令人痛彻心扉的恶性事件就这样在我们的现实生

活中发生着、延续着、泛滥着……

面对这样一个个生命的逝去、一个个家庭的破碎、一个个梦想的凋零，难道我们还只是停留在一次次的热议和惋惜之中，甚至是司空见惯般的熟视无睹、麻木不仁着！……

生命只有一次，而越来越多的年轻人却在以各种方式选择了放弃！"失去了现在，也就没有了未来！"鲁迅先生这句朴实而真切的表述并没有因为时间的流逝而过时，反倒是有着极其入时的现实警示意义！所以，才被反复引用。面对愈演愈烈的严重社会问题，我们是不是该严肃而理智、认真而负责地对今天的家庭教育、学校教育、社会教育和国民教育来一次彻底的反思，责无旁贷地正视起我们的教育问题和弊端！尽快、尽早地让我们的教育重新回到一切有利于孩子们健康成长的正确轨道上来！

莫泊桑在他的作品《一生》中这样写道："生活不可能像你想象得那么好，但也不会像你想象得那么糟，我觉得人的脆弱和坚强都超乎自己的想象！有时，我们可能脆弱得一句话就泪流满面；有时，也发现自己咬着牙走了很长的路。"

那么，我们今天的教育应该从何出发，又该走向何处？

一、教育，应该从认知生命、敬畏生命和珍爱生命开始！教育的本质，就是生命教育！

人生的价值如果离开了生命这个最基本的前提和保障，那还有何意义？现实中，如果以唯分数和成绩式的功利性目的教育起步，必将越来越背离孩子自然与正常的成长规律，影响，直至伤害孩子的身心健康！伴随着今天畸形教育的延续，越来越多的孩子正被不断扭曲的心理障碍趋势，一步步地影响和威胁着身体的正常发育和健康。在我二十余年的儿童青少年心理（人格）健康实践与研究中，一个个活生生的案例也以愈演愈烈的趋势一天天震惊和困扰着我。所以，只有以生命安全为起点和导向的教育才是正确的教育！

二、教育，就是要对孩子的未来负责！

孩子的成长是生命循序渐进和不断进步的过程，而与之相伴的教育也应该是一个恰到好处和相辅相成的过程，而非急功近利，脱离实际。就像一棵果树自然生长一样，如果拔苗助长，最终是难以或不会开花结果的。

人生幸福，应该是一生的幸福，而不是忽略，甚至伤害成长的某一个阶段和过程的，即所谓的后半生的幸福。所以，这就是鲁迅先生的名言警句"失去了现在，也就没有了未来！"的现实意义之所在。

三、教育，最终目的就是要把孩子培养成一个真正的"正常人"，拥有着健康的体魄、阳光的心灵、优良的习惯、自律的品格、坚毅的精神、始终的好奇、持续的自信、大爱的情怀和自觉的担当等，这些才是决定孩子成功并影响其一生的一系列重要和关键的性格（人格）特质。

适合的教育，才是最正确的教育。"树上没有两片相同的树叶"，每一个孩子成长、成才与成功的方式和途径也不会有一定的方向。因此，教育并不是要让我们教会孩子跑得多快，而是要教会孩子在摔倒之后能够站起来继续跑，哪怕最终成为最后一名。教育，不仅要引导和帮助孩子获取成功，更要教会和鼓励孩子接受失败。

所以，最好的教育就是要努力帮助孩子成为他（她）自己，并让孩子去做自己想做的事，去学自己想学的东西，用真正的爱让每个孩子都能找到属于自己的"我"，进而成为更好的自己并真正地获得真实且踏实的幸福！

珍爱生命、心平气和、实事求是、脚踏实地，才是孩子成长路上最大的力量。因为成功从来没有捷径和侥幸，只有不忘初心、点滴积累、智慧理性、步步靠近。

让我们与孩子一路相伴、共同成长、静待花开！

觉醒时刻

端午前夜，相约再见英俊少年，要不是亲眼所见，还真难想象，站在眼前的这个1米75的小伙，竟是7年前同游美国的"小屁孩儿"，皮皮。时光，就这样不打招呼地飞逝着、穿梭着……就好似天空没有痕迹，但是鸟儿却已一次次地飞过；留下的只是瞬间或恍惚的记忆，时而清晰，时而模糊。不管我们的记忆，是深刻，是平淡，还是浅薄，我们都要在岁月的更替中，长大、成熟和变老。我们会以各自不同的方式，在一个个年轮中留下自己的痕迹，在人生的画卷中，涂抹上五颜六色，有明亮、有暗淡，有暖色、有冷调，有浓墨重彩、有轻描淡写，有轰轰烈烈、有浑浑噩噩，有跌宕起伏、有一帆风顺……一点一滴，一笔一画地勾画出自己人生的形态和格局，我们身边的孩子们，又何尝不是这样。

7年前，在美国半月有余的同行和相处依然历历在目，当年8岁的皮皮，仿佛已在我的记忆中打下了他的底色：活泼好动，机敏倔强，勇敢要强，个性鲜明……而今天站在我面前的这个年过14的少年，除保留了遗传基因的俊美容貌外，已魔幻般地演变成另外一个完全不同的"新皮皮"，气质不凡，健康潇洒，有礼有节，充满活力，给我们爷俩接下来忘年交似的促膝谈心，留出了巨大的空间、丰富的联想和无限的可能。他从容不迫的表达和成人般的成熟与真诚信任，开启了我们两代人敞开心扉，轻松而温暖的交心之旅……

与各年龄段的孩子交流谈心，已经是我的生活常态。对于"见多识广"的我，这次也不例外，然而不一样的开场，却改变了我的状态，正襟危坐的他就像是进行一次正经和严肃的约谈，仿佛我这个满头白发的长者，就要接受一场严峻的考验，因此我马上调整了角色，以求得尽快地融合。双手合十的他一开口，就定下了我们这次交心的基础。

"我非常敬佩您，您是一个了不起的教育家。"一开场，他就定位了我的角色和身份，一时间，无法让我再把他当作一个年仅14岁的孩子。因此，我马上回以了朋友般的信任和尊重。"皮皮，你真的长大了，大大很喜欢你现在的样子，7年前活泼可爱的小皮皮，已经变成了帅气睿智的大皮皮。"他那略带一丝羞涩的微笑，瞬间让气氛温暖了起来。接下来他充满逻辑和镇定的表达，不得不让我刮目相看。然而，经验和直觉似乎在轻轻地告诉我，他那份看似自如而流畅的表述，就是他内心秘密的序曲，我静静地聆听、真诚地回应，渐渐地收获了他发自心底的信任和期待的目光。他时隐时现的顾虑和忧郁，也随着一股交心的暖流，在轻松、自然和清新的氛围中烟消云散，我也开始一步步地走进他的内心世界，去欣赏，去探究，去发现一个14岁少年的心灵秘密……

从外地到北京，从熟悉到陌生，从习惯到生疏，彻底地改变了固有的学习和生活方式，开始独自面对；曾经一直被呵护和照顾的一切，陌生、不适、孤独、压力、无助、茫然，使曾经自信满满、自由自在地生活在童话世界里的他，开始变得不悦、紧张和压抑起来。以往的自由、自在、自信和自强瞬间烟消云散，同时又要面对时空和学习方式的根本转换，加上从未想过和令人措手不及的复杂多变的人际关系，打破了秩序、搅乱了规律、扭曲了心理；不舒服、不痛快、不喜欢、不甘心、不服气一股脑地涌上心头，亲子关系也开始变得焦躁、紧张和不和谐起来，这就是一个14岁少年成长的烦恼和现实。

面对孩子的真实成长、艰难经历和切实需求，我们家长应该做点什么，做何选择？

一、重新定位角色，选择正确的教育观

作为家长，爱是我们全部行动的基础。而正确的教育观，首先就是，要确定我们在孩子成长和教育中的准确位置，既不能越位，又不能错位。

再就是，重新定位和选择正确的价值观。而不是首先和仅仅把成绩放在第一位，而不顾孩子心智发展规律和身心成长之需。

二、放弃过度养育，努力成为合格家长

总有一天，孩子要独自放飞，自谋出路。这一天一定会到来，如果我们事先没有帮助孩子和我们自己做好准备，特别是生存和生活能力，以及应对今后一切可能的考验，等待我们的必将是困惑、痛苦和追悔莫及。如果我们不让孩子有机会去了解如何面对家门之外的世界，那么将来他们在迷路或走错路而感到迷惑和恐惧时，就只能是失魂落魄。

三、尊重孩子，完善自己，创造一生和谐的亲子关系

面对当下严峻的教育现状，家长的自觉、自律和自省是孩子健康成长的关键。这里，想借用杨绛先生的一句话，与大家共勉："你的问题主要在于读书不多而想得太多。"其实，现在往往不是孩子不听话或有问题，而是我们不能与孩子同步，甚至赶不上孩子成长的步伐。所以我们需要学习、再学习。而不是以无知和以大欺小的方式去强求孩子来满足我们所谓的愿望。我们只有在尊重和信任，同时在不断地丰富和完善自我，并且具备一个教育者的能力和水平，成为一个合格家长的前提下，才能收获和谐亲子关系给我们带来的孩子的健康成长和美好心情。

感谢皮皮！你又给了大大一次走近和读懂孩子的机会。

让教育正本清源

雾霾会伤身，但是思想的沉沦、精神的损害必将摧毁人本身！

最近，因接二连三有关孩子的"成长与教育问题"再次陷入了难以抵御的痛苦之中，虽然这样的"被需求"从来没有间断过，似乎在一种无奈或不知不觉中已习惯成自然，甚至有的时候也一次次欣慰于被我帮助而"重获新生"的孩子和家庭的快乐之中。但是，当下现实中"没完没了"的造成孩子"成长痛苦"和"家庭灾难"等一系列教育中的问题，让人如坐针毡、苦不堪言、痛恨不已！

由于对教育的这份"痴爱"与"不离不弃"，所以我几乎每天都会将"天下"有关教育的"新鲜或特殊"信息尽收眼底并一

网打尽。由此，每天各路媒体和身边都会"暴发"出一个个或令人遗憾不已，或令人痛心疾首的"教育问题"信息和实例。轻者逆反厌学，使得老师和家长烦恼与纠结不断；中者抑郁反常，弄得老师和父母紧张与痛苦不堪；重者厌世轻生，搞得学校和家庭惶恐与绝望至极。

然而，比这些现象和问题更加糟糕的却是，现实中人们或"责任者"一直或习惯了"头痛医头脚痛医脚"，把早已汇集成"群体或整体"的严重社会问题轻视或忽视为一个个"渺小"的个案而放任自流，听之任之，直至麻木不仁！试问，天下还有什么比孩子（人）的健康、完整和正常更加重要和有意义的事？！

"商女不知亡国恨，隔江犹唱后庭花。"我曾经在有关教育的不同场合"放言"：一个人的注意力在哪儿，他（她）的价值观就在哪儿！

无独有偶，美国学者的《娱乐至死》一书，恰好给了我们一个形象而概括的总结："一切的公众话语都日渐以娱乐的方式出现，并成为一种人文精神。我们的政治、体育、宗教、新闻、教育、商业都心甘情愿地成为娱乐的附庸，毫无怨言甚至无声无息，其结果是我们成了一个娱乐至死的物种。"

再回看一下纪录片《大国崛起》中的一个片段，或许我们就完全明白了我们的媒体和教育该如何定位和摆正位置了："1727年，牛顿去世。英国以隆重的国葬仪式将他安葬在威斯敏斯特大教堂，这里一向是王公贵族的墓地，牛顿成为第一个安息在此的科学家。出殡的那天，成千上万的普通市民涌向街头为他送行，抬棺椁的是两位公爵、三位伯爵和一位大法官，在教堂合唱的哀歌中，王公贵族、政府大臣和文人学士们一起向这位科学巨人告别。"一个懂得尊重科学、尊崇思想和富有精神的民族，才不会忘记什么是真正的正义，什么是真正的文明，什么是真正的进步，什么是真正的价值！

所以，应该让教育正本清源，赶快矫正价值导向，否则为时晚矣！

把握最好的教育时机

在严重的雾霾天气中呼吸着、生存着，真是让人百感交集，思绪万千！

如今，老天爷其实是在"因果"的指引下，"真诚而努力"地回馈着人间。

如果站在哲学的角度说，今天这"浓墨重彩"般的雾霾是我们每一个人"努力贡献"的结果，只是我们习惯了把责任推给了其他或别人，而把自己永远都置身局外而已。

然而，老天爷毕竟是公平的。既然你有所"贡献"，当然就要让你"享受"到属于你"努力贡献"的一份"待遇"，以达自然平衡之规律。

也就是说，在我们每一个人的工作和生活过程与环节中，都或多或少地"制造"或"提供"了我们共同生存环境（空气）的"污染源"，比如对物质（品）的过度消耗（费）、因大肆攀比而造成的浪费等等。

所以，面对雾霾的消极情绪和埋怨心态，以及任何盲目、过激的言行对于解决问题都是无济于事的，甚至还引发了大众"心霾"的"次生灾害"，实为两败俱伤。

因此，除了通过技术革命、科学管理和法律制约手段外，如何加强我们每一个人的环境保护意识和自身修养，以及"人人有责"的公民责任意识，更是值得和应该让我们认真、严肃反思并且做出正确选择的问题。

教育，也只有教育才是通达一切文明与美好的根本途径。随着社会的快速发展与多元变化，以及"与世界接轨"带来的强大冲击，公民再教育的严重缺失所带来的一系列社会问题，已经成为影响和阻碍社会健康发展与和谐进步的绊脚石和紧箍咒。

站在国家的层面来说，在科学、合理制度下的经济与社会生态，即工业（产业）化与城镇（社会）化的发展水平，依然要依托思想解放、理念创新、人格健康、勤奋励志、责任担当和远大理想等教育手段的介入与教育行为的实施，来得以实现和保障，之外，我们别无选择。

但是，在这里我更想说的是正含苞待放的孩子们。今天的雾霾伤及全民，然而最大的受害者还是无辜的孩子们！抱怨与无奈和尽力提供防护已经成为大多数家长的"新常态"，其实这一切也就是"低级"和"表层"而已，最佳的选择和途径还是适时和负责任的教育。眼下严重的大气污染（雾霾肆虐）就是"恰逢其时"的教育机会。

试想，在大量"人造"的已无"自然"的环境下，孩子们已难以感受到真实而原生的自然，所以他们又怎能去热爱自然，保护环境，在自然的生态中健康成长？此时，我们只有和孩子们一起正确和清醒地认识雾霾（成因），才能坦然和更好地去面对、预防和抵御雾霾。

因此，我们的生活方式和行为习惯首先就应该进行"净化"

前置，有损自然与人文环境的种种物质欲望也须得到合理的抑制，再抛弃掉"事不关己高高挂起""多一事不如少一事""各人自扫门前雪，莫管他人瓦上霜"的文化糟粕，坚持"天下兴亡，匹夫有责"的优秀传统。那么，告别雾霾，恢复蓝天白云下的清新空气也就指日可待，大有希望了！

对于这一代孩子们来说，激烈与多变的社会竞争，以及自然与人文环境的残酷和紧张都将是他们必须要面对的考验和挑战。

所以，尽早在"语数外"等学习之外将孩子们送还自然，让他们在充分感受和领略大自然神奇与美好的同时，更加热爱自然，珍惜环境，学会更多的生存与生活本领和技巧，以最佳的方式和状态去迎接未来人生的挑战，去创造一个又一个清新的生命精彩！

雾都北京，霾布心间，与其随波逐流，说三道四，不如自省其身。故兴笔匆匆，倘若错必改。

教育面面观

春意盎然，神清气爽。之前，有幸作为志愿者在孩子学校门口执勤，从早上七点开始，双向通行的小胡同也渐渐地热闹起来，经过一夜的沉静和等待，随着上班上学的人流、车流汇集，小胡同也马上有了生气和温度，我猜想这个时候人们的心情多是兴奋又伴着些着急，或许还夹杂着经历了一夜的思绪与梦想，或开心，或激动，或困乏，或郁闷，可谓五花八门，五味杂陈。

观察大多数送孩子上学的车，车型从普通的自行车、电瓶车、三轮车、自行改装车等，再到奔驰宝马、玛莎蒂保时捷、奥迪特斯拉等，可谓是形形色色，应有尽有，仿佛一次流动的车展。但是无论品牌、形状、大小、色彩或特点，它们在这个时候都承载着一个个幸福和一份份期望，绝不会因为有什么不同或差异而影响到爱的本质。

观察停车、下车、开车的姿态更是"出其不意""大饱眼福"，有的电瓶车因为轻便多是靠近校门，孩子轻松下车，家长即可离开；少数的自行车虽有些摇摇晃晃，却是方便而快捷；说到大多数的轿车就是"精彩纷呈"了，可谓是"不看不知道，一看吓一跳"。有的车看上去经验丰富而理智，选择离校门较远时就停下让孩子下车步行一段；有的车却是不惜时间代价，蹭行到校门口才让孩子下车，估计主要是怕孩子穿梭于车流中不安全；有的车为了自己和照顾到孩子的"方便"，竟然不顾规则与秩序逆行停车而不管他人的指责；有的人更是自以为是地将车霸道地停到校门口的正中央，并且还要看着孩子走进校门才得意地离去，仿佛自己就是天下"最尊贵"的那一位；有的车更是派头十足地在校门口停下后，司机（爸爸）下车打开后门"请"宝贝子女下车，然后在一片愤怒的车鸣声中"坦坦然然"扬长而去；有的车干脆就随意停在了本来就比较窄的胡同两侧，我行我素，不管不顾，无法无天。当然同时我们也能看到清新、温暖的一面，规矩的行车、自觉的行人、可敬的家长和有教养的孩子。

观天下，一条小胡同，本是供大众同行的公共道路资源，也是连接路与路之间的必要或重要通道，特殊情况下它可能就是一条非同寻常的生命线。如果都能有序行驶、自觉遵守、相互谦让、即停即走；如果大家都能这样珍惜并合理高效地使用它，它就是一条快捷通畅，并给各方都带来方便的阳光大道。然而，在我们的现实社会中看到的恰恰是，只要是公家的，即公共资源、公共财产、公共环境就会被众人自然而然、自以为是地滥用、破坏甚至践踏；社会的公序良俗越来越被忽视、淡化、放弃，甚至挑战；越来越多的人也渐渐地被包裹在自我、自利和自私当中，与我们老祖宗留下的优秀传统文化相去甚远。

　　观察送孩子上学的一个早晨，仅半个多时辰，不能以偏概全，草率评价，断然推论。但是我们能从以上带有规律性的现象与行为中，进行一些理性的思考与分析，以及经验性的推理与甄别，从社会文化与风气的角度来重新审视我们的教育，这无疑是积极和有益的一件事情。一方面，大多数家长总是在指责或挑剔孩子，这样不对、那样不行，不如自己、不如别人，甚至觉得一事无成，不可救药。另一方面，家长从来没有或根本不愿换位思考、反思自己，只要是孩子出现了问题和失误，或是犯了错误，一上来就将一切归罪于孩子，开始习惯性的责怪和教训，并咄咄逼人，乐此不疲；似乎家长天生就是教育者，孩子就是被教育者；在如此的思想与心理定位下，使我们的教育也先天地出现错位或错误，使得我们的教育从一开始就呈现出"三不法则"，即不平等、不平衡和不和谐。一方面，希望和要求孩子像自己一样优秀，像别人一样突出、出人头地，方方面面都应该做到最好、最棒和最牛，甚至还奢望孩子能够超越自己、超过别人；另一方面，家长总是自以为是，感觉良好，却不去考虑自己的言行与思想对孩子的影响，即榜样就是一把双刃剑，你说些什么、做了什么，孩子也就效仿到什么；你不想让孩子说什么、做什么，你就先不去做，这就是所谓的"榜样的力量"。

　　纵观大多数家长和孩子的行为习惯和现象，似乎家长的全力以赴与用心良苦，往往换来的却是这样的回报或结局：一个个本是天真无邪、活泼可爱、天性自然的孩子却被爱到了习惯、被爱到了麻木！被爱到了衣来伸手、被爱到了饭来张口！被爱到了只有自己、被爱到了眼中无人！被爱到了只想索取、被爱到了不会付出！被爱到了拥有一切、被爱到了无法承受！被爱到了得意忘形、被爱到了毫无敬畏！正如一种比喻所说，就像鱼一样，生活在"水"中的时间太长了，所以已经不知道水是什么了。

因此反观我们的教育，到底什么才是真实教育下的实力？什么才是家庭真正的实力？那就是和谐幸福！什么才是父母真正的实力？那就是榜样力量！什么才是孩子真正的实力？那就是独立自由！什么才是国家真正的实力？那就是国民强大！

好的家长不应该是手电筒，而应该是引航灯；好的教育不应该是放大镜，而应该是望远镜。家长最不应该做的是替代、包办和盲目的溺爱，家长最应该做的是让孩子从小学会接受失败。否则，就永远不能健康成长，让孩子从小学会接受一个不完美的自己，因为生活永远都不是一条一直上升的直线；生活却是一条不断波动的曲线；让孩子学会思考、懂得选择，拥有信念、把握自由，这才是教育的目的，才是获得幸福的前提。

教育从自觉和自愿开始

写作中，有两个词或两句话常常会跳跃于脑中，而且越来越清晰而生动。

一个是孩子学校德育中倡导的"受欢迎"，一个是面向教育（学校、教师、家长）所谓的"接受帮助"。看似十分简单而普通的两个词或两句话，其实深藏着无限重要的现实意义和教育内涵。

在十分重视成绩与智力的今天，指向明确的教育"目标"与"努力方向"却在"大张旗鼓"和"随波逐流"中变形、扭曲着，甚至是本末倒置。而孩子的心理发育和成长却"冠冕堂皇"地"顺其自然"着，甚至是麻木不仁。

试想，一个不大"受欢迎"或根本不"受欢迎"的人，如何自如地去发挥特长和实现价值？又如何能正常地生存或生活于现实社会环境和世界之中？显然，只有一个自觉"受欢迎"的人，才是一个有机会、有希望且正常的人，才是一个有可能获得成功的人，才可能是一个懂得和拥有快乐与幸福的人。

又试想，一个不愿或从来不"接受帮助"的人又怎样去克服"成长的烦恼"？又怎样自然而然地融入现实的环境与社会中，并获得不断的进步与成功？所以，只有一个听得进意见，受得了批评且知错就改和愿意接受帮助的人，才是一个能够健康成长的人，就如古语所说，"玉不琢，不成器；人不学，不知义"。

如果换个角度说，任何一种教育其实就是一个学与被学、教与被教的过程；一个如何去理解、选择和处理"关系"的过程。所以，在陪伴、引导、帮助和教育孩子健康成长的过程中，作为教育者（包括教师、家长等）首先应该努力成为一个自觉并愿意"受欢迎"和"接受帮助"的好榜样，使孩子在正常和正确的教育与价值观引领下，筑起自己坚固而壮美的人格长城，绽放每一个属于孩子自己的阳光而精彩的生命！

所以，我们一定要坚信：每一个孩子都是独一无二的，切不必把自己的孩子"制造成"别人眼中的"神话"，来满足我们成人的奢望与虚荣；只要陪伴并帮助孩子做到最好的他（她）自己，就是最合适、最好的教育。

如今，机械化的教育和教育的技术化看似如此的"丰富"与"饱满"，其实却恰恰伤害了原本并不复杂，而以人为本且接地气的教育！无论怎样的教育或冠以怎样的教育美名，如果只让孩子们懂得如何更快更多地获得知识，而不知获取那些知识的真正目的与意义；如果只让孩子们知道为了能够不断地升入好学校而去苦追好成绩，而远离了真正而真实的生活，并且不懂得人间的冷暖，尤其是不会通过切身的生活体验去克服、去忍受、去体谅、去分享、去坚持、去尊重、去珍惜、去感恩、去创造等等的人生"经历"，去获得生命的美好感受和人生的美好意义，那么孩子们的成长还有什么意义，我们的教育还有什么价值？所以，苏联教育家马卡连柯这样说："培养人就是培养他对前途的希望。"

其实，当我们明白了教育的目的，并且懂得尊重成长的意义时，真正的美好就出现了，一切也就变得越来越好！

教育必须守住的底线

随地吐痰，这样司空见惯的恶习被熟视无睹着。吐痰者（几乎为成年人）视周围环境而不顾，自在、随便、放肆，得意忘形着；以小见大，这种生活中的"常态"现象每天都在发生，影响着正在成长中的孩子们；"模仿"也就慢慢地成了孩子们的一种可能的"自然"行为。开口就骂，甚至低俗语言脱口而出，也就成了孩子们的一种"理所当然"，这不就是"影响"和"榜样"

的力量吗?

　　教育的一个重要功能就是，努力地培养一个人的公德。美好的环境容易培养出人的公德心，就如哲学所说：环境（物质）决定意识。所谓底线就是为人处世最基本的、最根本的标准，它无形地存在于每个人心里和社会之中；个人的底线主要由自己决定，同时也受社会因素影响；社会的底线主要由特定的文化与制度形成，同时很大程度也受到个人因素的影响（甚至决定）。如果个人的底线降低，那么社会的底线必将下降，由此社会失去了共同坚守的底线，就会败坏世间的人伦与公德，直至突破道德底线；如果人们齐心协力共同守住个人与社会的底线，社会与环境就会呈现出一道亮丽的风景：文明。

　　多年来因度假、休闲和学习的原因往返于中美之间，最大的影响与收获并非来自物质与虚荣的混杂，而是文化与制度的差异所带给人的思考与反思，即世上最终永恒的其实并非物质，而是思想与精神！同时，给孩子们留下深刻印象和最大影响的，还是在自然与人文环境中、有形与无形间文明的力量；或是街区里的Stop sign（停车标志）与环境秩序，抑或是人间最厉害的力量：一种看不见的"习惯"。随着时间的推移和孩子们的成长，混杂着中西方不同的文化与制度，以及真与假、利与弊，孩子们渐渐地增强了思考、反思与判断的意识与能力，同时也开始了价值观的平衡与取舍，并从中学会寻找和选择属于自己的成长路径与价值取向。而非我们传统教育中对真与假、是与非和对与错，做出简单、机械或教条的选择与判断，而失去自我意识、自我思考和自我判断的过程与能力。

　　忽然想起冯骥才先生的一本散文集中的一段话，还真是耐人

别把孩子带『歪』了

寻味、催人奋思："有人说，美国人的文化很浅，但教育很好。我十分赞同这见解，教育好，可以使文化浅的国家的人很文明，教育不好，却能使文化古老国家的人文明程度很低，素质很差。教育中的'德'，一个重要成分是公德，公德的根本是重视他人的存在。"冯先生以上的有感而发有着最朴实、最直接的现实意义。

社会的底线或许是脆弱的，但是我们个人的底线却可以选择坚守和牢不可破。守住底线、坚守文明，从修养、道德和公德的第一步、每一步开始，不要再去触碰生命的高压线与人生的底线，让文明成为世间永远的、最美的风景线！

学习反思　精准施教

之前与来自郑州和晋江的八位校长、书记的交流与碰撞，让我们更加坚信和坚定了教育本真的基本原则：责任当先，遵循规律，以爱为本，正确施教。

学习反思，总结概括，与大家共勉。

一、认真思考，彻底认清生命与人生存在的意义与价值，才能找到教育的准确"入口"。

二、正人正己。只有具备教育者的能力与资格，才能行使教育的职责，教育的这条光明大道上不可"无证驾驶"和"任意行驶"。

三、没有爱就没有教育，爱是一切教育的前提。只有真爱的付出才能收获真爱的教育：素质高、有情怀、爱孩子、爱教育。

四、实践是检验真理的唯一标准。以平常心和责任心去面对孩子成长的自身规律和实际需求，努力践行正确的教育理念，一切以孩子的健康、快乐成长为标准。

五、坚决去除教育领域与教育实践中的"成人化""形式化""封建化"和"功利化"色彩，建设纯净和光明的教育原生态。

六、让教育反思的常态化贯穿教育的始终，真正实现精准施教。

七、只有实现家庭、学校和社会教育的高度统一和完美结合，才是教育的光明出路。

最后以陶行知先生的教导自省："千教万教教人求真，千学万学学做真人。"我将：千做万做做人榜样。

学习让人清醒，学习让人充实，学习让人快乐，学习让人进步！

孩子希望的心田

随着世界的变化，社会的发展，大量的新知识、新信息、新技术、新概念正冲击和影响着每一个人。

孩子们接受这样那样的影响是最快的，有时甚至超过大人。如何让孩子们在这样的"影响"中汲取营养以利健康成长？毫无疑问，接受正确、合理的"学习方式"是根本"出路"。

正名，为"学习"正名已是刻不容缓。填鸭、应试、追分、逐利这样"非正常"的教育与学习方式必须退出历史舞台，不可再"误人子弟"！

我以为，主动、自觉、能动、多样和快乐、有效的学习方式才是孩子们"应有的"学习"本能"和成长"权利"！

学校、家庭学习是学习，实践、玩耍亦是学习；老师、家长是老师，学生、孩子亦是老师；学习，何止是孩子们的"任务"，学习亦是"大人们"的"责任"。

如今，孩子与家长，甚至老师的"烦恼与痛苦"大多来自孩子们的"被学习"。在如此"非正常"的教育与学习方式驱动下所获取的"分数与成绩"究竟价值几何？今后支撑孩子们走上幸福之路的应是以正常的"分数与成绩"为基础的综合能力与人格力量！托尔斯泰面对教育曾经这样说："重要的不是知识的数量，而是知识的质量，有些人知道很多很多，但却不知道最有用的东西。"

学习，就要获求快乐，快乐才会更加渴求学习。学习，只有进行时，没有完成时，所以学习从未停止；学习，何能功利，所以学习不在一时一试。不管愿意与否，不管"何去何从"，学习，将贯穿人一生的成长。亚里士多德认为，"教育的根是苦的，但其果实是甜的"。

愿，真愿"学习"如"美食"，飘香于孩子们的人生旅程，常驻孩子们希望的心田！

【一切修行在先】为朋友的一句大白话"不能从'只给这么点钱'的角度看艺术"很是点赞！

针对目前国内的声乐学习现状，女中音歌唱家梁宁说："很多人觉得找个好老师就一定能学出来。错了，因为你还得修行，你修行比我教你更重要。现在学生来看排练，就一直在看手机。有些年轻人没有把实现自己艺术理想作为方向，而是从'只给这么点钱'这个角度去看待艺术。"

眼下看似"一片繁荣"的国内声乐教育，其实早已面临着彻底"塌方"的危险。快速"成才"、急功近利、华而不实，甚至是"背信弃义"的专业声乐教育"文化"可谓是大行其道！

"人是有年龄段的，什么时候干什么要有计划，可现在年轻人不在乎这些。"其实梁宁深知这类年轻人在乎着什么。

延伸或换个角度看，"教育腐败"其实才是中国社会发展中的一大毒瘤！它才是一切腐败之根、毁灭之源！

在人性与制度的双重作用与"领导"下，人（仁）的教育必须永远"在路上"！信仰与理想的缺失，道德与文化的沦丧，又何以支撑和保障一个人（民族）能够持续行走在健康的正道上！这就好比俄国生物学家巴甫洛夫所说，"在孩子出生第三天开始进行教育，你就已经迟了两天了"！

若不把握教育之根并遵循其规律，未来及一切的一切将无法想象！

别把孩子带『歪』了

【看见与看不见】看与不看，它依然存在，无论何时与何地。

每次到香港，都要带着孩子去太平山顶，登高望远，已经成为一种习惯。

瞬间，被飘浮而来的一行浓雾掩埋，眼前刚刚还在的美景很快消失在视线里；有，变成了无。

其实，看见的未必是真实的，而看不见的往往又是存在的；在这看见与看不见之间，存在的是人的感觉、想象、心境、判断和标准。

或许，一次错误的判断与选择的影响与危害要远远大于一次真实与勇敢的面对。

因此，在虚无与存在间，更真实、更有价值的是内心的阳光与坚定！

【寄语即将小学毕业的孩子们】

孩子们，遇见你们真好！

不同的年份、月份和时刻

却创造了一样的生命和希望

不同的方式、姿态和面孔

却不约而同地唱响了生命中第一支响亮的赞歌

呼唤大自然，呼唤全世界：我来了……

从此，世界因你们而美丽

最美的童话世界，神秘有趣

最快乐的童年时光，阳光温暖

最纯净的心灵世界，洁白无瑕

最长情的学业之旅，丰富多彩

你们相识、相知、相爱了

我们也在这美好的人生时节里

遇见了甜美可爱和神采飞扬的你们

从此，世界因你们而温暖

你们曾经的懵懂与跌撞

揉捏出了怪样又神奇的魔幻世界

你们曾经的打闹与欢笑

绘成了一幅卡通般炫酷的童年画卷

你们曾经的相助与相亲

架起了一道跨越时空的美丽彩虹

你们曾经的秘语与梦想

构筑出了一个充满神秘和力量的壮美童话

从此，世界因你们而精彩

亲爱的宝贝们，感谢你们

是你们，让我们有机会陪伴你们重温成长

是你们，让我们渐渐地体会到了时光的飞逝与宝贵

是你们，让我们深刻地领会到了生命的丰富与意义

是你们，让我们十足地品味到了人生的多彩与价值

是你们，让我们的家园绚丽多彩、芳香四溢、温馨美丽

从此，世界因你们而律动

可爱的孩子们，期盼你们

等待你们，继续勇敢地探寻未知世界的秘密

等待你们，永远怀揣一颗纯净的童心和良心

等待你们，积极乐观、健康向上，努力集道德、正义、善良和智慧的力量于一身

等待你们，用丰富的知识充实自己，用优良的品质塑造自己，用坚强的毅力锻造自己

等待你们，变得更好、更有智慧、更善良，使我们的世界变得更加美好

等待你们，自觉成长为一个热爱生活、懂得生活、创造生活、成就生活的人

等待你们，在未来的教育与人生旅途中坚定地成为：

善良而有智慧的现代君子

有中国灵魂、世界眼光的未来人才

具有道德魂、中国心、创造性和领导力的优秀人才

回味与畅想，我们已是热泪盈眶，心潮澎湃，感慨万分

因为，只因为

孩子们，遇见你们真好！

二十余年家庭教育的所思、所为与所盼

此文在2022年亚洲教育论坛年会发布的《新时代家庭教育体系化建设50例》白皮书中全文登载，并被中国陶行知研究会家庭教育专业委员会专家组评选为"十佳案例"。

所思

梁启超先生有言："人生百年，立于幼学。"家庭，是孩子的第一所学校；父母，是孩子的第一位老师。《家庭教育促进法》的发布，充分显示了国家对家庭教育的高度重视，并将引导全社会注重家庭、家教和家风的建设，大力增进家庭幸福与社会和谐。

良好的家庭教育是孩子健康快乐成长的第一步。家长作为孩子的启蒙老师，一言一行对孩子的影响是巨大、深远和不可替代的。所以，正确的家庭教育，将给孩子的正常、健康成长打下坚

实的基础；错误的家庭教育，必将给孩子的成长造成失败，甚至是灾难；孩子的成长只有一次，而且是不可逆的。就如蔡元培先生所说，"要有良好的社会，必先有良好的个人，要有良好的个人，就要先有良好的教育。"因此，家庭教育就成为我们家庭生活中的一件头等大事。

或许是受家族传统与文化的影响，从大学毕业开始也走上了坚定的教育之路，成为一名大学老师，从此踏上了教书育人的万里长征新征程。一路走来，或阳光灿烂，或风雨交加；一边实践一边学习，一边体验一边感悟；一边探究一边反思，一边行动一边期盼。一学期一学期，一年又一年地送走了一拨拨学生，又迎来了一批批新生，年复一年，循环往复。这期间，随着时代的变迁和社会的发展，人们的心态和思想也在不知不觉中变化了、提升了，特别是渐渐成长起来，越来越多的独生子女们，他们的生活观念和方式，以及思想和价值观显现出了明显的时代印记，好似已经到了"满园春色关不住"的地步，给我们的教育（工作者）带来了前所未有的挑战：是疏还是堵，是包容还是放纵，是亲近还是疏远，是鼓励还是打压，是迎难而上还是退避三舍，是积极面对还是消极对待？毫无疑问，对于教育者来说，应该，也只有一个选择，那就是：责任！

尤其是担任学校团委书记以后，便有了接触不同专业、不同年级、不同民族、不同特点、不同个性和不同情况的学生并进行深入交流的更多机会；同时也就更加容易看到、了解和认识到一个个真实的他们，感受并体味到他们太多的相同与不同，可谓是形形色色、五彩缤纷。也正因为是这样，我开始自觉与不自觉地去触碰一个个年轻而鲜活的心灵，超越了常规的教学与教育活动，一次次地走进他们的内心世界；从倾听到询问，又从交流到分享，再从理解到互动，最后从相知到信任，好似一段奇特、美妙和精彩的浪漫之旅。也就是从那个时候开始，我与"心理学"触电了，从此便"一发不可收拾"，欲罢不能。从小女儿出生到幼儿园，从小学到初中，再升入高中，亲历小女儿心理成长的过程。十多年来，又接触了太多太多的孩子与家庭，见证了孩子们从小到大的喜怒哀乐、家长们的悲喜交加，以及一个个家庭的起起落落，可谓是五味杂陈，百感交集！

作为家长，我走近、走进了一个个家庭，真是感同身受，一言难尽。作为教育者，我进入了孩子的学校，思绪万千，浮想联翩。一个个现实中的教育困惑，一回回地触动着我的内心与"教育神经"，一种想"拯救"孩子和家庭的教育情怀油然而生。随着时间一点一点的流逝和一次一次接到家长们的求教，特别是家长们深陷孩子成长过程中的严重困惑与焦虑，尤其是有的孩子已出现了严重的抑郁，甚至放弃生命的紧迫事实。我的教育"本能"和恻隐之心立刻指引和驱动着我，让我义无反顾地投入到这场深不可测的"教育革命"之中，并渐入"佳境"，甚至已上了瘾，心甘情愿，无怨无悔至今！

所为

（一）家（庭）、（学）校、社（会）精诚合作，共育孩子（学生）健康成长。在与无数家长和孩子们的连续接触与交流基础上，经与校长和老师们的反复沟通与研讨，我们创建了中关村三小"家校共同发展委员会"，我有幸被推举为首任主席。我们开始了家、校、社联动合作，共同努力创造一个让孩子（学生）自由生长、自在生活、积极学习、身心健康和快乐成长的优良环境与条件的探索之旅。开创了国内学校从传统的"家委会"向"家校社"共同发展的教育实践管理新模式，彻底打破了过去家、校、社"各自为政"和"各行其是"的不合理、不科学局面，让参与和影响孩子（学生）成长教育的各方统一观念和思想，一起站在服务并有利于孩子（学生）的立场和角度，从家、校、社不同的角度、功能和作用分别努力，积极合作，一同发力，和谐发展，共创美好。让孩子（学生）们在温暖幸福的家庭氛围、自由奔放的学校空间和宽松和谐的社会环境中健康地成长、主动地学习和快乐地生活，努力实现"好好学习，天天向上"的美好愿景。

经过几年的实践与努力，"家校共同发展委员会"收获了"意外"的惊喜和"难得"的成效。

一是，家长渐渐地体会并懂得了孩子的问题如何与学校沟通，同时理解了老师的诸多不易，建立起了信任和友好协商共同解决问题的畅通渠道，使大事化小，小事化了，实现了积极而有效的互补互助，形成了家长释怀、老师安心和孩子（学生）放松的良好局面，可谓一举多得。

二是，学校和老师在被充分理解与尊重的条件下，校长可以专注学校科学化教学和管理的制定、调整与创新探索；老师们可以踏实安心地教学并关注到每一个学生的个性化特点，营造出一个芬芳艳丽的教育花园，可谓鸟语花香，四季如春。

三是，社会环境在家校和谐发展的氛围中，也就认清了应有的责任与义务，渐渐地形成了风清气正、和谐文明的优良风气，润物细无声地引导和影响着孩子们一步步、一天天走向自觉、自主、积极、进取、正义、友好、善良、阳光和文明。

（二）真心付出，锲而不舍，救人于水火。光阴似箭，一晃

别把孩子带「歪」了

二十年过去了。或许是公益之心，或许是时间太久，或许是人数（次）太多太多，或许是年纪健忘？我已记不清曾经来求助于我的第一位家长，以及他们的孩子姓甚名谁了；但是，我会记得曾经的善举一定帮到了他们。这也许就是我一直还在继续这份"事业"的理由吧，以至于若干个非常特殊的"案例"至今依然还深深地印刻在我的脑海里，历历在目，挥之不去。

其一，国内一位儿科专家在夫人（亦是医学博士）再三要求下"登门拜访"。本来临近一个多月就要参加高考的女儿突然向他们夫妇宣布："我不考了!"女儿的这一举，如晴天霹雳将他们"打入冷宫"，顿时惊慌失措。母亲原以为女儿可能是因"生理期"或紧张导致的身体不适，但是一周的时间过去了，女儿依然是毫不妥协、一蹶不振。

在我和他们夫妇交流并"发问"后，进而发现了问题的端倪，夫妇因为"历史的原因"，近几年来已经不能和谐相处，且经常当着孩子的面争吵不休，无疑完全忽略了女儿成长关键阶段（青春期），尤其是进入高中后的心理变化，以及适时的关心与交流。所以，孩子看似"偶然"的决定背后早已埋藏了理所当然的"必然"!

经过反复沟通，在和他们夫妇达成共识后，按照我的经验"三部曲"【先见父母了解原生家庭情况（把脉）、再与孩子交流尽力走进内心世界（确诊）、最后分别提出建议或要求（开方）】去"探访"孩子，倾听、亲近和温暖孩子后，再"曲线救国"式地将孩子引导到正常的轨道，进而就是鼓励、鼓励、再鼓励。同时，现身说法，用自己过往的亲身经历转移视线，让孩子先跳出自我，并"看到"只要相信自己，就一定有希望，甚至会出现奇迹的可能。

经过近两个小时的温暖交流，她终于打开心扉，吐露真"情"：一是应试的压力，关键的是她暗恋上了她的一个老师，且越来越不能自拔，所以分心了。到此，真相大白！通过我充满理解并耐心地晓之以理、动之以情的劝导，她慢慢地释怀了，明白了分清主次轻重与要把握关键和机会的重要性，这一步对于她的未来有很重要的现实意义。最后，夫妇在"照方抓药"的积极配合和孩子的奋起直追下，以及在孩子考前一天我再次亲临心理辅导（打气鼓励）后，他们的女儿考上了北京理工大学，后来又去了日本留学，学成归国。从此，父母和好，一家三口重新回到幸福之中。孩子也因此和我成了"老铁"忘年交。

其二，一位北航附中刚刚进入高二，人见人爱、擅琴棋书画的男生突然面临学校的"劝退"。位高权重的父亲随即慌了神，在几次赶赴学校沟通不力后，夫妇俩不得不硬着头皮在发小的陪同下，登门求救于我。与前一个案例不同的是，他们家庭和睦，只是父亲内向、平和，母亲溺爱有加，且爱唠唠叨叨，望子成龙心切。

照章行事，父亲对儿子近半年每天晚睡，且电脑不离手的描述立即引起了我的特别在意，条件反射式地将"问题"指向了关键"目标"：电脑！如果任其发展下去，首先是毁了儿子的身体，其次才是学业；但是，如果强制性干预，儿子又会强烈逆反而两败俱伤。矛盾和忧郁重重的父亲见到我的第一句话让我意外不已："晓云老师，只要让'兵兵'（化名）能活着就行！"这是一种何等的悲哀与绝望！

经过细致了解和"发现"，孩子已完全沉迷于"网络"，且很可能涉及"黄色"（为保护孩子隐私，细节略去）。这对于

别把孩子带『歪』了

一个正值青春期的男孩儿来说是难以避免的。在父亲到点关闭WiFi后，为了"誓不罢休"并躲避父母的监控，他居然可以跑到楼道里把邻居家的密码破解后"自给自足"，这又是何等的机智与聪明！无疑，父母持续的软弱、被动和不得法渐渐地加重了儿子的"病情"，以至于不能自拔，愈演愈烈！

基于同龄和信任，沟通与交流可以相对直接和随便一些。我首先把一家三口请到家里做客，在品尝我这个"云大厨"地道手艺的同时，便展开了轻松又亲近的交流。一来二去，孩子"公然"地道出了"很长时间已经没有吃到这么好吃的饭菜了！"瞬间，母亲的脸有点儿挂不住了；不过，很快就沉醉在儿子的喜悦中。我"刻意"地"挖掘"出孩子的诸多优势，如围棋、绘画和电脑等已被父母彻底忽略掉的强项能力，孩子突然就像换了一个人似的，马上开始亲近起我这个已是满头白发的知心"知己"，开怀不已。出于"职业"的敏感，我终于暗喜：有戏了！

救急如救火！第二天我就在与他们夫妇的"默契"下，去他们家和孩子很快"打成了一片"，海阔天空，无话不欢。我"低下头"，不断地请教他有关电脑和网络的技术与技巧，他也得意洋洋、如数家珍般地炫耀着他的灵光和独门绝技，我当即表示佩服不已且照单全收，仿佛哥们儿兄弟一般，天下无敌似的享受着那般令父亲羡慕不已的"天伦之乐"！趁着喜出望外的大好时机，我又得意地告诉他，择日我把围棋九段郑弘大师请来与他"对决"一番。听罢，他突然矜持起来，连说，"别、别、别，叔叔，我哪敢呀！"还没等我"接招"，他却带着一丝挑战的目光对我说，"叔叔，如果真的可能，我也想领教一下大师的风采！"至此，他已完全走出了固有的境地，无论是语言与神情，还是肢体与气势，已是一个焕然一新的率真小伙儿了！

亲近、倾听、陪伴、信任和特别激励与"刺激"，很快孩子就步入了正轨，学习也开始渐入佳境，并在高三时重新回到了原有的"强势"状态，如愿地考上了中南民族大学环境工程专业，后来又考取了研究生，成为父母的骄傲，我的忘年"铁杆"，至今与我亲近无比！

其三，国家派往南美某国唯一的一个记者，二十七岁的北京小伙儿，到任不久情绪就开始崩溃，三天两头地自残割腕（明显的自杀倾向）。母亲告诉我，"儿子只要和女朋友通一次电话，就摔掉一部手机，我已经记不清给他买了多少部手机了！"然而，这个时候母亲却被检查出了癌症，真是雪上加霜，火上浇油！

当我面对这次求救时，可谓是不知所措，该何从下手？相隔万里，无法相见！托付的大哥也是无奈地对我说，"对不起晓云！好友所托且事出紧急，思来想去还是想请你一试，咱们尽心就可以了，你也不要有什么负担！"就这样，我第一次开始了这"天方夜谭"式的"急救工作"，心里无数又无底。

"外甥打灯笼"——照旧。我马上约见了孩子的父母。父亲是大学老师，性格内向且不善交流，并表现出一种难以理解的无奈和"顺其自然"；母亲是机关干部，倒是外向健谈，除了着急和多有各种指责（有推卸责任之意）外，也说不出个"一二三"来，更何况不久前刚刚被确诊为癌症，她的复杂心态完全可以想象。或许就是这样特别的恻隐之心，加之曾经艰难地攻克过一个个"难关"，不甘屈服的我决定"挑战"一把，哪怕最终无果，就当我"苦行僧"般修炼了一回。

面对实际，也只能通过越洋电话（微信、语音）一试。当孩子母亲把儿子的微信推送给我时，我瞬间被孩子的微信名惊着了："该死"！这是一种什么样的心态才会起这样的微信名？不过，就冲这个微信名就已经表明了他的"问题"所在。经过我特别的"注释申请"，孩子很快就通过了我，依据多年的经验和直觉，这或许说明他的内心还留存着一丝想"被救"的愿望。我的心里也似乎看到了一丝希望，带着一种"死马当活马医"的特别信念，我开始了那跨越时空的奋力一搏！

很神奇的是，第一次"通话"就获得了他的信任，还不经意地流露出对我的一种异样的喜欢，真是让我喜出望外！依照惯例，我从来不先"直奔主题"，而是惯用毛主席的"迂回战术"，根据他的年龄、职业和北京男孩儿的特点，先来一个"投其所好"，大谈特谈我对新闻与写作的兴趣和见解，尤其是从大学阶段就有探究中西文化的差异，以及对人才培养模式的对比，从而找出不同制度和文化下对教育与人才培养的影响；同时告知他近年来我带着家人多次往返美国的所见所闻和所思所想。一种"无的放矢"的尝试竟然收获了意想不到的效果，小伙儿再正常不过地与我侃侃而谈起来，并还自然而然地夸赞起我的一些所谓"见地"，和他"英雄所见略同"的感受。相互默契"碰撞"后，我又从他所在国的风土人情讨教入手，进而开始询问和关心他在异国他乡的生活和工作，并向他"传授"我在北美的烹饪手法和几道拿手菜，他也时不时地积极回应着，仿佛诱人的美味已漂洋过海，"李叔，我都要流口水了！"他那本真的一笑顿时让我坚定了一定要把这个小子"解救"回国的信心！

不知道从第一次联系后，和他通了多少次话，发了多少条信息和语音，又谈论了多少无边无际的话题，也记不清我们爷俩开怀地笑了多少回、多长时间。但是，我知道我已经走进了他的内心，几乎读懂了他的"一切"，更加坚信从此开始，他一定不会再"轻生"胡来了，因为我已经被他完全信任和依赖，并像风筝一样，他已经被我牢牢地牵引住，不久之后将被我"收回"身边。"李叔，您等着我，这边一到期，我就按您的建议和要求马上申请回国，到时好好地请您撮一顿！还要向您讨教很多问题呢！"

之后，我们爷俩如期相约相见，真是一见如故，情投意合，其乐融融！他回国后与我的第二次相见已更改了对我的称呼："云叔"！且成功减肥四十斤，并开始向我"请教"怎么才能把办公室对桌的女孩儿追到手。哈哈，显然我已成了他最亲、最好的倾诉对象！

一个父母的宝贝儿儿子，单位的青年才俊，姥姥姥爷的心肝宝贝，朋友的久别死党，我的忘年"侄儿"又回到了阔别已久的家乡：他重启全新快乐、美好的幸福家园，离不开、舍不去的北京！从此，我的心里又多了一份甜甜的希望和幸福！

所盼

家庭教育是孩子成长的基石，将对孩子人生的健康成长产生不可替代和不可或缺的关键与重要影响。美国心理学家戴安娜·鲍姆林德提出了家庭教养方式的两个维度，即要求性和反应性；即家长的科学理性选择和对孩子需求的适时合理应对。

二十余年来，确实已经记不清我帮助过多少类似的孩子和家庭，让一个个困惑中的孩子重获新生，让一个个家庭回归温暖；让一个个鲜活的生命得以延续、发展并获得人生精彩的机会，让我们的教育看到无限的生机和希望！

我和朋友们说，我的一生或许已经定性：生在教育上，死在教育上！这绝非悲观，恰恰是对自己的再一次鼓励和鞭策。

为此，我清醒地认识到，我的一己之力一定是有限和乏力的。所以，我创建了"晓云教育文化工作室"，旨在把这份终身的"事业"进一步发扬光大，更好地整合更多的资源和力量共同投入其中，更广泛地让更多的孩子和家庭的现实需求能够得到来自全社会的真切关注和真诚帮助，尤其是让更多的家长有意识、有能力、有方法、有信心、有成效地担负起孩子人生的第一位好老师的职责，帮助孩子从小就扣好人生的第一粒扣子，引领他们走上成才、成功和成人的人生坦途，以强壮的体魄、健康的心理、饱满的精神、健全的人格、文明的姿态和高尚的品质去赢取健康、快乐和幸福的人生，成为一个受欢迎、懂得尊重和欣赏的人，一个对社会、民族和国家有用、有贡献的人！

家庭教育，家长责无旁贷！教育，就是要对孩子的未来负责，就是要给予孩子人生的希望和一切可能！让我们共同携手孩子们，为他们的健康成长掌灯护航，努力再努力！每一个天真可爱的孩子，未来可期！

六、受益感言

　　每一个鲜活的个人，或许都要通过别人才能看清自己，通过别人的启发和帮助才得以进步和完善，进而找到自己的定位和努力的方向，最终成长为一个独立、自信、强大和受欢迎的人。

我们的爸爸

　　爸爸从我出生就一直陪伴我长大，没有一天是缺席的，对我的照顾更是无微不至。从我有记忆开始，在品行方面要求就很严格，从小事教起；在我成长的过程中，我慢慢体会到了其中的重要性，先学会如何做人，再想着如何提高自身。

　　虽然父母比同龄家长年龄要大很多，但爸爸依然对我起了最好的带头作用。作为父亲的他，我觉得已然做到了极致。人无完人，他没有因为我和姐姐是女孩，或者他是长辈，去提一些无理的要求，从小就教我们要以理服人，一家人都要讲道理，每个人都有发表言论的机会和权利，给足了我们平等和自由，万事都商量着办。

　　在小时候，爸爸立志给我们一个快乐的童年，让我们无忧无虑成长，现在看来他做到了。所以，我们的童年很丰富、很快乐，同时也受到了来自不同地方的爱。虽然童年是快乐的，但在原则性问题上，他从来都不犹豫，不会放松规矩，这就是我们很重要的家教。从小在家庭的熏陶下，让我们知道了如何尊重长辈，如何关心同辈，如何为人处世，如何善良地做人；同样也做到了如何乐观、积极、阳光和向上的生活。

我们性格开朗和阳光，心里充满了爱，这都是爸爸从小的陪伴和教育带给我们的。很小的时候就看到爸爸真心地帮助别人家的小孩，可能是因为心理出了各种各样的问题，也可能是家庭出现了矛盾，再或者严重点，都要活不下去了。这些面临困苦的人和家庭，通过不同方式来寻求爸爸的帮助，他都会尽心尽力，认真负责。每一次见面，他都会认真地倾听，了解家庭和孩子的具体情况，找出问题所在，并和家长仔细分析产生问题的原因，进而提出他的建议或者要求，使所有问题都得到了最大程度的缓解或解决，让家长和孩子真正受益。

很多年以来，看着爸爸无偿地为别人付出了太多太多，而且从不计回报地帮助他人，奉献社会，我们就这样听着、看着一个个这样的故事伴随着我们的成长和生活；我们经历了生活中许多点点滴滴的小事，在耳濡目染之下，我们越来越懂得了爸爸是一个什么样的人，同时也要像他一样，要立志做一个善良的人，对别人有帮助的人；善待自己和家人，善待他人和社会；善待人生，珍惜生命。这就是我们的爸爸，一个在我们心中既严厉又温柔，鲜活又完美的父亲。

　　　　　　　　　　　　　　永远爱爸爸的安安和依依

人生导师　生命之光

　　我上幼儿园的时候就认识了晓云大大，之后便经历了一场家庭灾难，大大给了我温暖的关爱，让我深深地记住了他。后来，他时常带我玩，陪我去吃必胜客，就像爸爸一样地关心我。每当我遇到困难和困惑的时候，他就会出现在我的身边，用他的真诚和爱心帮助我、启发我和温暖我，给了我成长和坚强的力量！不是父亲胜似父亲，渐渐地他让我懂得了一个男子汉的责任和对人生目标的坚定，所以我做出了一个特别而大胆的选择，认晓云大大为我的教父。希望在教父的慈爱和引领下，走向人生的未来和光明！

　　如果为人父母需要考核，那教父的这本书将是您最好的指导书！

义子：胡添翼

别把孩子带『歪』了

-246-

一位亦师亦友的人生导师

　　晓云老师首先是个长者。当我们和孩子的成长纠缠在一起，每天和青春期的孩子上演着爱恨情仇的四幕戏剧时，孩子是愤怒和暴躁的，家长是委屈和无助的，因为我们只想看到孩子学习的成果，不愿意接受他们面对的困难，我们只想看见孩子按部就班走我们熟悉的道路，但不愿意接受他们跌倒失败的探索。晓云老师用他对孩子爱的理解，让我们认识到是我们不愿意去学习和理解教育这个复杂的学科体系：我们首先要认清我们的内心，才能走入孩子的情感，要让我们习惯成自然的惰性转为一种共同成长的责任。

晓云老师是一个智者。当我们深陷升学教育的泥潭，步入一个解不开的"清北"循环式时，他用他的人生阅历，帮我们把最深处的一枚盘扣，给慢慢牵扯出来，将我们一直患得患失的心情给彻底打碎。一个孩子的成绩不是一门一门功课分数的累加，习惯培养也不是陪伴写作业式的，而是用他的思维方式和能力去培养他的梦想和追求，这个能力是伴随他终生的，可能需要孩子一辈子去领悟去执着追求自己的梦想。

晓云老师是个充满爱意的父亲。当代人的口头禅是"第一次当爸爸和妈妈"，可我们允许自己平庸时，却不能容忍孩子在摸索中成长，还经常套用古人的话"父母之爱子，则为之计深远"，可又有多少人能领会这句话的含义。晓云老师对自己孩子成长的点滴记录，让我们惭愧不已，自叹不如，至今我们都没静下心来想想孩子的成长变化，总是感叹一晃眼就大了，我们渐渐忘了我们的本心，我们首先为人父母，这才是我们最本质的初心。

"知之真切笃实处，便是行"，我和孩子都受益于晓云老师的指导，这本书也是我们家庭教育的指南。

深刻受益晓云老师教育理念的母亲：杨 宇

孩子的"心灵捕手"

二十年以来，晓云老师陪伴了无数青少年孩子的成长之路，他运用自身丰富的人生经历、长期的自我修养和融化于生活的心理学知识以及对孩子的慈父般的爱心，牵引许许多多孩子的心灵走过了荆棘之路，很多困惑、焦虑或濒临破碎的家庭和生命因此而得到重建。

晓云老师是我的一位多年老友，我们经常一起聊关于孩子成长和教育方面的话题。好莱坞有个电影叫《心灵捕手》，这是一部教科书级别的心理治愈系电影，情节感人至深。可以毫不夸张地说，晓云老师是中国孩子的"心灵捕手"。

一个孩子就是一个鲜活、灿烂的生命个体，宛如花园里不同品种、不同性格的花。每一个品种的花都有其独特的魅力。每一个孩子都是种子在发芽。他们是花，他们一定会或艳丽或优雅，或文静或活泼。没有哪种腔调该被看低或者定义为暗淡，他们只是美丽的不同呈现。

每个生命个体都是世界上的only one。虽然有可能是一朵不太让许多人知道的花朵，但若有顽强的根，有汗水浇灌，也一定会在某个地方如约绽放。晓云老师崇尚教育要尊重孩子本体，他常常说世上没有完全相同的东西，努力盛开就好。父母常常以"我为你好"的名义安排好一切，但这不一定是孩子喜欢的，不一定是孩子希望的，不喜欢不希望的话孩子就会拼命反抗父母。尊重孩子未必会让父母失望，甚至可能会给父母带来惊喜，但殊不知强行控制和不合理的期望值会伤害孩子的自尊、生命的潜能和进步的动力，继而引发更大的逆反。

晓云老师在给慕名而来的青少年孩子和家长做心理辅导时，他可以在最短的时间内和对方快速建立起沟通辅导通道。我很好奇这到底是一个什么样的通道。透过我对晓云老师的了解，应该和他拥有一个令人艳羡、始终温暖如春的原生家庭有直接的关系。身为军人的父亲本可能是一位严父，但平生却从未动过他们

别把孩子带『歪』了

姐弟四个人一个手指头。在选择参军还是上大学的事情上，父亲只用了五分钟的时间和儿子做严肃沟通，儿子心领神会，给自己选择了自己喜爱的上大学这条人生路。对于孩子的教育，我们是让孩子成为父母心中好、更好和最好的自己，还是选择成为孩子自己心中他想要的自己，这是核心关键。父母和良好的原生家庭的教育氛围给晓云老师的童年种下了温暖有爱的种子，晓云老师自己本人成为温暖和爱心的传递者。

晓云老师在做每一个心理辅导时很重视父母和孩子的关系。他引导父母作为家长察看亲子之间的关系。他善于从这种亲密关系中捕捉细微线索，从而洞悉孩子心灵深处，正如之前提到的影片《心灵捕手》。更难能可贵的是，他常常通过观察发现和重新发现连孩子和家长都没曾觉察到的孩子内在的兴趣点。晓云老师面对第一次来做心理辅导的孩子，五分钟最多三十分钟之内，孩子可以从不抬头看晓云老师，然后到抬头看，最后到持续看晓云老师。作为晓云老师的好友，也身为一位母亲，深深佩服晓云老师，他对孩子的发心和爱护独具个人魅力。

晓云老师被很多人称赞为国内当下实践实用心理学践行第一人。他认为当下国内社会的一些教育理念需要迭代更新，日趋内卷的国情令很多孩子因此而抑郁，不少还有极端抑郁倾向。问题程度有轻有重，有的表面看起来程度差不多，但他们的表现方式实际是不同的，因此需要家庭和学校两个教育端口都要匹配很好的心理辅导老师和机构。晓云老师的真诚和付出，使得他在和孩子建立信任机制的同时，孩子反过来也对他本人产生浓厚兴趣。这是一条爱的暖流通道，一条生命之光的通道。

青少年的成长过程是一段感知生命、体味生命、认知生命和完善生命的旅程。青少年教育需要家庭和学校共同完成。祝愿更多的家庭拥有美好的成员关系、掌握科学的教育理念和能够实践从本真出发的生命体验。每个生命都是绚烂的存在，让所有美丽的生命都尽情绽放。

再次祝贺晓云老师的新书出版！

一生老友：王津津

后　记

以史为镜，可以知兴替；以人为镜，可以明得失。深受父母榜样教育的我，一直坚定地走在一路向前的正道上。

作为父亲，我也在陪伴和养育两个女儿成长的过程中不断学习着、成长着、前行着，从中也更加明确和坚定了我们家庭教育的方向。

作为从教者，我从大学老师起步，尤其在从事学校共青团工作期间，与其说是老师，不如说是朋友，与学生打成一片。渐渐地开始关注起青年学生的思想、情绪、情感和心理变化与健康问题，慢慢地开始寻找和探究所有问题的根源与应对方式。有时还不得不假模假式地去"斗智斗勇"，因为我自己也刚刚进入人生的"断奶期"，依然"乳臭未干"，而这反倒是我可以自如地面对现实、把控他们的一个"优势"：可以及时识破他们各式各样的"花招"。因为我已"知根知底"。

随着时间的流逝，在不知不觉中我开始"触电"心理学。面对一个个孩子的成长烦恼和家长在家庭教育中的焦虑，随之开启了我人生的"心灵之旅"，并"上了瘾"似的去为他们解惑、分忧和助力，且是彻彻底底的心甘情愿！

这二十余年的心路历程，好似从"小试牛刀"到"庖丁解牛"的艰苦过程。一方面我尽心尽力地去帮助更多的人，一方面我也得到了来自社会方方面面的信任与鼓励，让我更加坚定了对这份特殊事业的热爱和信念。"晓云教育文化工作室"也因此应运而生。希望通过更加系统和专业的运作，能够让科学合理的教育理念与有效方法，去影响和帮助更多的受困家庭，让一个个艰难中的孩子因此而切实受益，引领他们尽早走出成长的阴霾。

在大家真切而温暖的鼓励和支持下，我将多年的教育文化随笔整理出来，成书出版，将育女和教育的实践心得与大家分享。

一个篱笆三个桩。在准备出书的过程中，我天天都被众多的关心和帮助感动着。为此，我要感谢傅小兰教授专门为本书指点并作序，感谢彭兴业老师的点拨使我醍醐灌顶，感谢王津津老师倾心与无私的帮助，感谢马素娟老师在整理书稿过程中给予的专业帮助，感谢董力民兄长的及时赐教与启示，感谢关牧村大姐和江弘大哥亲情般的激励，感谢葛优兄的亲情力荐，感谢亚洲教育论坛荣誉秘书长姚望先生的厚爱与鼓励和刘秀华秘书长的信任支持，感谢刘可钦、翟小宁、皮钧等专家学者朋友们的鼓励寄语，感谢符策虎老师的点睛提示，感谢孩子和家长们贴心的信任，感谢工作室同事艰苦的付出，感谢家人温暖的支持，感谢所有关心和鼓励我的亲朋好友。最后，要特别感谢出版社赵秀琴社长对本书的策划和取名，以及编辑老师们在这特殊时期付出的辛劳。

一篇篇教育心得随笔体现着我对教育的所思、所为与所盼，情到深处，有感而发，想必还有很多不足和不妥之处，敬请读者不吝赐教并批评指正。

教育，乃国之大计。带着"你不去解决问题，问题就会解决你"的不甘信念，我将为此而继续努力奋斗，为孩子们拥有美好的明天勇往直前！

别把孩子带「歪」了